1 ESO
Música

R. Sabater
J. González

TEIDE

Advertiment
D'acord amb la llei, aquest llibre no és un material fungible. Per tant, els exercicis que s'hi proposen no s'han de resoldre in situ, sinó al quadern de l'alumnat. Si al llibre hi ha espais en blanc, requadres buits o línies de punts, és simplement perquè l'alumnat tingui un model o una pauta de resolució.

Coberta
La Page

Disseny de maqueta
Anglofort, Naono SL

Il·lustracions
Kaffa

Fotografies
AGE Fotostock, Album, Arxiu Teide, P. Carrión, M. Clemente, Index, Prisma

Preimpressió
Anglofort

Primera edició, 2015

info@editorialteide.com
www.editorialteide.com

ISBN: 978-84-307-8551-3
Dipòsit legal: B-8518-2015
Imprès a Arlequin & Pierrot SL – 08029 Barcelona

Audicions i vídeos

A05 *Dansa eslava núm. 8*. A. DVORÁK

V02 *Dansa eslava núm. 8*. A. DVORÁK

Per escoltar les audicions i visionar els vídeos s'ha d'accedir a l'enllaç següent:

http://www.editorialteide.com/?8551

TEIDE

Índex

6. El so acústic

7. El so digital

8. La forma musical

9. La veu

10. Músiques del món

Apèndix

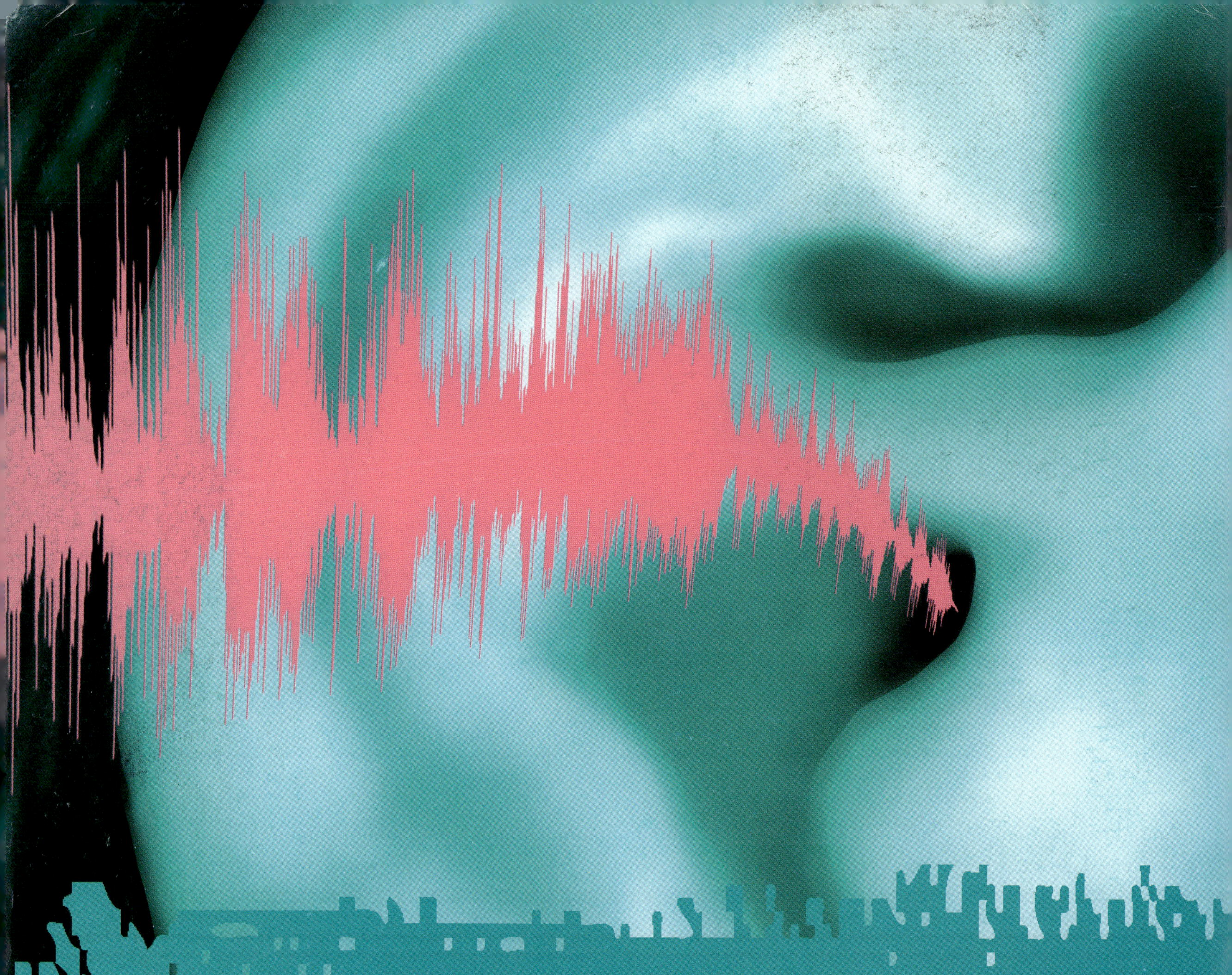

El so ens arriba mitjançant l'òrgan de l'oïda.

L'oïda, com els altres sentits, ens connecta amb el món que ens envolta. L'oïda ens proporciona informació i plaer.

Quan s'estudia el cos humà, s'estudia l'anatomia dels sentits: la vista, l'oïda, l'olfacte, el gust i el tacte.

És interessant conèixer l'anatomia dels sentits per saber com funcionen i tenir-ne cura.

L'ésser humà té una gran memòria auditiva, ja que recordem tot tipus de sons: sorolls, cançons, veus...

Un so es pot classificar considerant les seves qualitats: la durada, l'altura, la intensitat i el seu timbre.

UNITAT 1

El so i la música

1. Característiques del so
2. La recepció del so i la memòria auditiva
3. Les qualitats del so
4. Fem so, fem música!

Resum de la unitat

Competències bàsiques

1. Característiques del so

El so

Què és el so?
El so és el material amb què es construeix la música.

Com és el so?
El so és una ona invisible que es desplaça per un mitjà sòlid, líquid o gasós (aire).

Per què sentim el so?
El so el sentim perquè tenim el sentit de l'oïda que el capta i el cervell que el desxifra.

Quan sentim el so?
El so és una successió de sons; per tant, necessita energia per produir-se i temps per desenvolupar-se.

El so ens produeix sensacions agradables o desagradables.

Activitats

1. So natural i so organitzat

A01 *Sons 1*

A02 *Sons 2*

El so, perquè sigui **música**, l'ha d'organitzar l'ésser humà amb **intenció musical i expressiva**.

Thomas Fuller (1608-1661).

a) Escolta les dues audicions. Quina diferència hi trobes?

b) Completa les frases sobre les dues audicions.

- A l'audició *Sons* ☐ se senten sons organitzats per un ésser humà amb finalitat musical i expressiva.
- A l'audició *Sons* ☐ se senten sons que no pretenen ser música. Identifica'ls.

2. La recepció del so i la memòria auditiva

Per estudiar l'oïda cal conèixer les diferents parts de l'aparell auditiu i les seves funcions.

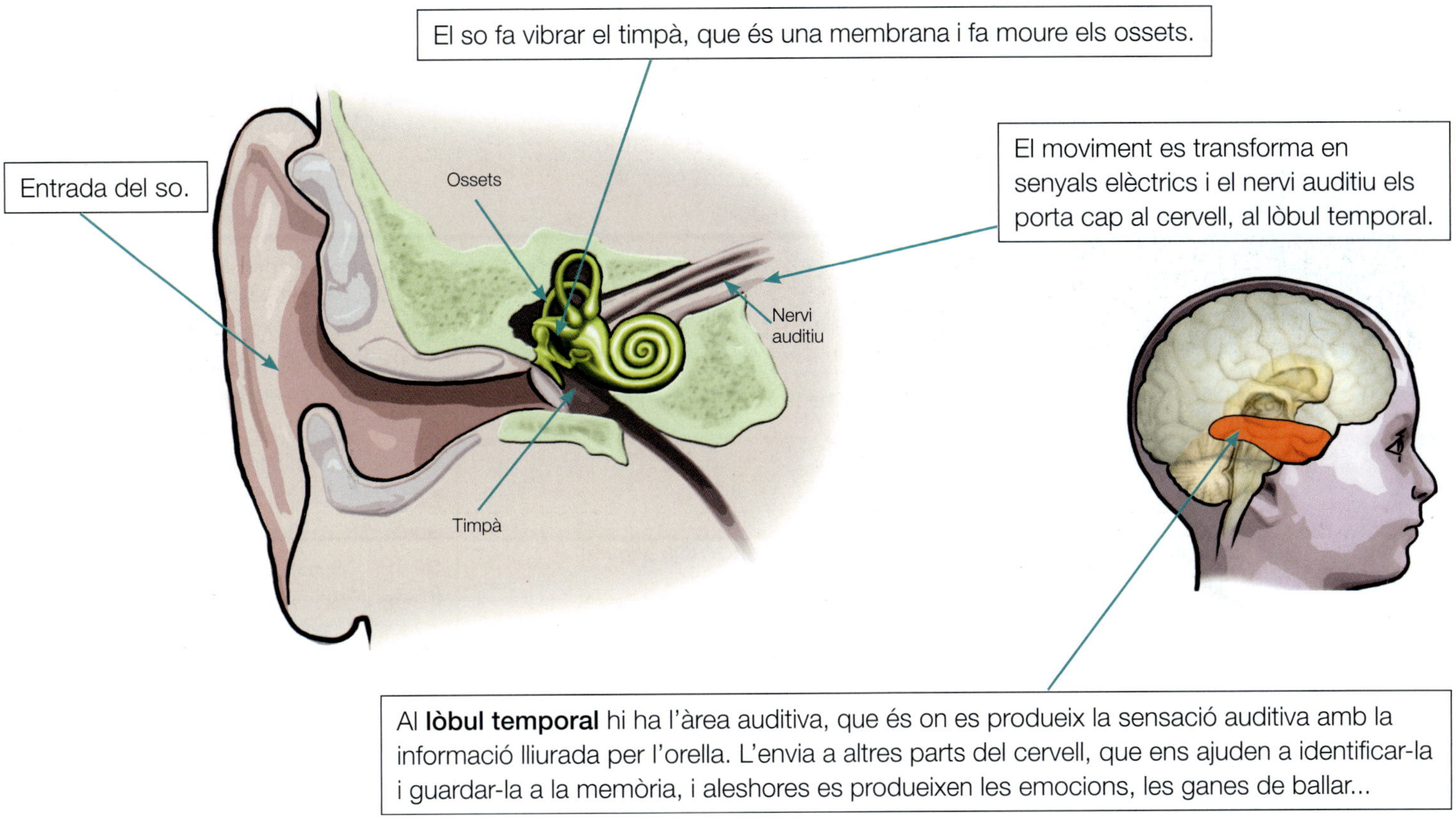

Activitats

2. L'oïda i l'audició

V01 Vídeo: *L'oïda i l'audició*

Observa el dibuix de l'aperell auditiu i mira el vídeo. Identifica cadascuna de les parts i la seva funció.

3. La membrana de l'orella. Experiment

Si posem trossets petits de guix sobre la membrana d'un tambor gran –que seria la membrana del timpà– i piquem molt a prop i fort amb un altre tambor, veurem com la membrana vibra, com ho fa el timpà quan rep soroll. Ens n'adonem perquè els trossets de guix es mouen aparentment sols! Proveu-ho a classe.

4. Reconeixement de veus

a) Proveu la vostra memòria auditiva. Tanqueu els ulls: el professor o professora tocarà l'espatlla d'un o una de vosaltres. La persona assenyalada dirà: «Hola! Bon dia!» i heu de saber qui ha parlat. Observeu que reconeixereu qui ha dit la frase per la localització del so a l'espai i pel tipus de veu.

b) Escriu el nom de tres cantants que reconeguis perfectament per la seva veu.

5. El soroll i la cura de l'oïda

Però, què és el soroll?
Els experts defineixen el soroll com un so no desitjat i molest pel receptor. Així, el que per alguns és soroll, per uns altres pot ser un so agradable (alguns tipus de música, etc.).
El que sí que sembla clar és que hi ha sons que molesten gairebé tothom i que a tots ens semblen soroll, mentre que altres sons, encara que siguin molt forts, els vivim com a no desagradables en molts moments (focs artificials, concerts, etc.).
No oblidem, però, que el que afecta l'oïda, el que produeix hipoacúsia, és l'elevada intensitat del so, tant si ens sembla agradable com si no; tant si el considerem soroll com si no.

Otorinolaringologia: Dr. Juan Royo 12/04/2012
http://www.viviendoelsonido.com/

Cal escoltar la música a un volum mitjà, no posar-la forta, perquè el so fort espatlla la membrana del timpà.
Les febres altes també produeixen hipoacúsia; per això, quan puja la febre s'ha de fer baixar, amb aigua freda o amb medicaments.

a) Segons el text anterior, el soroll es considera un so agradable o desagradable?
b) Quin soroll et molesta més?
c) Què creus que vol dir la paraula hipoacúsia?
d) Un so agradable, però d'intensitat forta, produeix hipoacúsia?

6. El soroll integrat en una sintonia

A03 *The Twilight Zone*. M. CONSTANT

a) En aquesta sintonia d'una de les primeres sèries de televisió sentiràs diferents sons: música, un narrador i uns sorolls. Discrimina quins dos sorolls han estat incorporats a la sintonia d'aquesta sèrie.

AIGUA RELLOTGE VIDRE TRENCAT OCELL

b) Escoltant la sintonia, de quin tipus de sèrie creus que es tracta?
- ☐ Còmica
- ☐ De misteri
- ☐ D'amor
- ☐ D'hospitals

3. Les qualitats del so

El so, com les imatges, es pot descriure. De les imatges podem dir com és la forma, el color, la grandària... El so el descrivim considerant aquestes quatre qualitats:

Qualitats del so
- Llarg o curt → **Durada**
- Agut o greu → **Altura**
- Fort o fluix → **Intensitat**
- Tipus d'instrument → **Timbre**

Activitats

7. La DURADA del so

A04 *Dansa hongaresa núm. 5.* J. Brahms

a) Escolta l'audició i mou el braç seguint la durada del so.

b) Digues quina frase defineix millor la durada del so en aquest fragment:
- ☐ Tots els sons són llargs.
- ☐ Tots els sons són curts.
- ☐ S'alternen sons llargs i sons molt curts.

8. La INTENSITAT del so

A05 *Dansa eslava núm. 8.* A. Dvorák

a) Escolta l'audició fixant-te en els canvis d'intensitat sonora. Podeu fer una coreografia.

b) Assenyala a cada casella el moment en què el so canvia d'intensitat. Indica si el so és fort –***f***– o fluix –***p***–, si augmenta (*crescendo*) o disminueix (*diminuendo*).

f	***p***	***f***	***p***

f	***p***	***f***	***p***	***f***	***p***	***f***	***p***

crescendo	***f***	*diminuendo*

V02 *Dansa eslava núm. 8.* A. Dvorák

c) Mira el vídeo i observa com el compositor juga amb la intensitat del so. Els instruments de vent-metall i de percussió donen potència i un so fort. Els de corda i els de vent-fusta donen delicadesa i un so fluix.

9. L'ALTURA del so (1)

Hi ha persones que tenen preferència pels sons aguts i d'altres pels sons greus, però les veus extremes són sempre espectaculars.

A06 *Great Litany*. Anònim

a) Escoltaràs una veu solista i un cor. Hi ha acompanyament d'instruments?

b) La veu solista és una veu greu o una veu aguda?

c) Dins del cor sentim que hi ha diferents veus, és un cor d'homes o de dones?

d) Copia i completa el musicograma amb les alternances que hi ha entre la veu solista i el cor.

Solista	Cor					

Icona ortodoxa.

10. L'ALTURA del so (2)

A07 *Concerto pour une (deux) voix*. SAINT-PREUX

a) Aquesta composició és per a una veu, però la sentiràs interpretada per dos cantants. Tenen la veu greu o aguda?

b) Hi ha dues veus solistes que s'alternen. Copia i completa el musicograma i escriu quan canta la veu 1 i quan canta la veu 2.

Veu 1	Veu ____	Veu ____	Dues veus juntes	Instrumental

c) Aixeca la mà quan s'acabi el musicograma.

d) Quin instrument entra a la introducció i després fa un acompanyament bastant rítmic a l'entrada de la veu 2 amb notes curtes?

PIANO GUITARRA

e) Quins instruments acompanyen amb notes llargues a la segona entrada de la veu 1 i fan la melodia a la part instrumental?

VIOLINS TROMPETES

Jean Baptiste Maunier i Clémence, dues veus famoses.

V03 *Concerto pour deux voix*. SAINT-PREUX

f) Observa com s'alternen les veus. Hi ha un cor acompanyant?

11. El TIMBRE del so (1)

A08 *The Typewriter Symphony*. L. Anderson

a) El compositor fa servir els **sorolls** d'una màquina d'escriure, però es converteixen en **sons musicals** perquè els ha organitzat amb una intenció expressiva.
También se sent el timbre d'instruments musicals d'una orquestra.
Hi ha una introducció abans que comenci la màquina d'escriure com a instrument solista?

b) El grup instrumental que acompanya la màquina d'escriure solista és:
- ☐ Un grup de rock
- ☐ Una orquestra simfònica
- ☐ Una guitarra

c) Aixeca la mà cada vegada que sentis el timbre marginal de la màquina.

d) Mira el musicograma, escolta l'audició i vés assenyalant on és la música en cada moment.

e) Busca un vídeo on surti aquest tema i mira com s'utilitza la màquina d'escriure com a instrument.

Una mica de tecnologia...
Al segle XX la màquina d'escriure va suposar un gran invent per no haver d'escriure tots els documents a mà. És el pas anterior al processador de textos de l'ordinador. Ara és un aparell de museu.

Mecanismes de la màquina d'escriure:
Teclat: conjunt ordenat de tecles que es polsen mecànicament, com el de l'ordinador. Feien més soroll.
Timbre marginal: avisa quan s'arriba a la vora del marge. L'ordinador canvia de línia automàticament.
Palanca de carro: palanca per canviar de línies i passar a l'altra vora del marge.

Introducció d'orquestra

A

a
6 pulsacions, timbre i palanca
6 pulsacions, timbre i palanca
6 pulsacions, timbre i palanca
10 pulsacions, timbre i palanca

b
Jocs rítmics regulars amb palanca i després de tres timbres seguits →

a
6 pulsacions, timbre i palanca
6 pulsacions, timbre i palanca
6 pulsacions, timbre i palanca
10 pulsacions

B

Pregunta → timbre → resposta
Pregunta → timbre → resposta
Pregunta → timbre x 2 → resposta
Conclusió
x2
→ Petit interludi d'orquestra

A'

a
Amb elements de la *a* i final

4. Fem so, fem música!

Quan produïm so organitzat ens convertim en músics.

La interpretació musical és qüestió de pràctica:

- Cal saber bé la posició de cada nota i enllaçar-les l'una amb l'altra.
- S'ha d'estudiar per trossets i anar automatitzant els canvis de posició.
- Va bé estudiar línia per línia, per compassos o per frases.
- Sempre hi ha les posicions que costen més i s'han de tocar més vegades!

Flauta:

- Cal dir la síl·laba «du» a cada nota.
- Les notes greus necessiten poca pressió d'aire. Com si no volguessis despertar un nen petitó!
- Les notes agudes necessiten més pressió d'aire. Com si volguessis que el so de la nota arribés lluny.

Activitats

12. Produïm so

A09 *L'últim mohicà*. R. Edelman / T. Jones

a) Repassa les digitacions de la flauta que necessites per fer sonar aquesta peça.

b) Interpreta la peça amb l'acompanyament.

> - La **introducció** és igual que la **coda**.
> - El tema **A** és el gran protagonista, és el tema que identifica la pel·lícula.
> - El tema **B**, molt melòdic, és el menys conegut.
> - El tema **C** fa un obstinat de negres.
> - Els temes **A** i **C** se superposen al final i donen lloc a una polifonia molt atractiva.

c) Mira la proposta d'instrumentació:

- Introducció: flauta solista o carilló i timbal.
- A A i B flautes, i la C pot ser flautes i/o carilló.
- Acompanyament: la línia superior (II) la poden fer teclats i es repeteix durant tota la peça (menys a la primera C). La línia inferior (III) la pot fer un xilòfon i es repeteix durant tota la peça (menys a la primera C).
- El timbal toca tota la peça portant la pulsació a negres. Al compàs 8 de la introducció dóna tres cops i fa un silenci de negra.

d) Estudia bé l'estructura.

INTRO [A] [A] [B] [C] x2 [C (+ A)] x3 CODA

Tema A X2
la si do' (3)___ si la mi (3)___
la do' si (3)___ la sol re' (4)___
do' re' mi'___ re' do'
si do' re'___ si la_____

Tema B
fa' mi' la (3)___ sol mi__ do' si
la (3)___ sol mi'__ do' re'
mi'_ re' do' si do' re'___
do' la_____

Tema C X5
mi do' si la mi do' si la
sol si re' si sol si re' si
do' do' re' do' si si re' si
la la do' si la la do' mi

L'últim mohicà

R. Edelman / T. Jones

13. Fem sonar l'amor

A10 *Romeu i Julieta*. N. Rota

Les grans històries d'amor sempre tenen una banda sonora al darrere. Hi ha hagut diversos compositors que han posat música a la tragèdia dels amants que viuen un amor impossible. Aquesta és una bella melodia, on hi ha un tema conjunt i un diàleg entre els amants.

a) Escolta l'enregistrament i vés seguint la melodia.

b) Estudia-la per temes. Per començar hi ha la introducció que fa l'enregistrament. El solista pot entrar a la tercera nota. Després entra el tema **A**.

Per tocar la **B** us heu de dividir en dos grups: uns fan la pregunta (final llarg) i els altres la resposta.

Intro	A	A'	B	(A)	A'	B	A	A'	Coda
Solista	Tots	Tots	Dos grups	Solista	Tots	Dos grups	Tots	Tots	Solista

Intro
mi do'____
si la sol do' si la__
sol la_____

A
la do' si mi__
mi sol mi la__
la sol fa sol__
sol fa mi re__
<u>mi re do re </u>mi__

A'
la do' si mi__
mi sol mi la____
la re'(4)_____ si(4)_____
mi do'(3)____
si la sol do' si la(2)__
sol la(3)_____

B	
Grup 1	**Grup 2**
do' mi'__	do' mi'
do' re'__	si re'
mi' fa'__	mi' fa'
re' mi'__	do' mi'
do' re'__	si♭ re'
si♭ do'__	la do'
la si__	sol si
sol la__	

Coda
mi do'____
si la sol do' si la__
sol la_____

Romeu i Julieta

N. Rota

I	A	A'	B	A	A'	B	A	A'	CODA

Resum de la unitat

El so i el soroll

El so és el material amb què es construeix la música.

El so és una ona invisible que es desplaça per un mitjà sòlid, líquid o gasós (aire).

El so el sentim perquè tenim el sentit de l'oïda que el capta i el desxifrem al cervell.

Per estudiar l'oïda cal conèixer les diferents parts de l'aparell auditiu i les seves funcions:

- A l'orella externa, pel pavelló de l'orella, es capta el so.
- A l'orella mitjana el so produeix les vibracions mecàniques del timpà i els ossets.
- A l'orella interna el moviment es transforma en senyals elèctrics.
- Els senyals elèctrics es desplacen pel nervi auditiu cap al cervell.
- Al lòbul temporal del cervell es descodifiquen els senyals i tenim la sensació de so.
- Altres parts del cervell ens ajuden a identificar-lo i a guardar-lo a la memòria, cosa que ens produeix les emocions.

El so és una successió de sons; per tant, necessita energia per produir-se i temps per desenvolupar-se.

L'ésser humà té una gran memòria auditiva.

El so ens produeix sensacions agradables o desagradables.

El soroll és un so no desitjat i molest per al receptor.

El so i la música

El so, perquè sigui **música**, l'ha d'organitzar l'**ésser humà** amb **intenció musical i expressiva**.

El so, com les imatges, es pot descriure. De les imatges diem com és la forma, el color, la grandària, etc. El so el descrivim considerant aquestes quatre qualitats:

Qualitats del so

- Llarg o curt → Durada
- Agut o greu → Altura
- Fort o fluix → Intensitat
- Tipus d'instrument → Timbre

El blog de la MaRtiNa

Hola, companys i companyes! Avui publico per primera vegada el meu blog. Ui... Quina emoció! Estic contenta perquè així podré compartir amb vosaltres les meves experiències musicals.

Em presentaré: sóc una noia de 15 anys que viu per la música! M'encanta escoltar-la, interpretar-la, compondre... M'agrada tant, que des de fa quatre anys vaig a una escola de música a estudiar piano.

Quan era petita, si sonava música em posava a cantar i a ballar...

El meu joc preferit era fer «concerts» amb les amigues. Ens disfressàvem, col·locàvem les cortines de casa com si fos un teatre i sortíem a cantar! Sempre he tingut molta memòria per la música!

També recordo que quan em banyava m'encantava posar el cap dins de l'aigua i escoltar un munt de sons que no se sentien a fora. Per mi el so era màgic!

I no sé per què m'agrada tant la música, si el so no es veu, si és invisible! M'agrada una cosa invisible... Una cosa invisible que em torna boja!

Ui, no sóc aquí per parlar de penes... però ve al cas! Vaig tenir una infecció a l'orella molt preocupant, perquè em va pujar molt la febre. El metge va dir als pares que m'havien de fer baixar la temperatura ràpidament, que les febres tan altes em podien ocasionar hipoacúsia i problemes a una membrana que hi ha a l'orella que es diu *timpà*. Quan ja vaig estar millor provava si hi sentia igual per les dues orelles. Tant que m'agrada la música, només m'hauria faltat no sentir-hi bé!

Els pares em deien:

—Que no et passi com a Beethoven!

Vaig haver d'anar a l'ordinador a mirar qui era aquest bon home que es va quedar sord... i resulta que era una gran músic que va néixer l'any 1770!

Bufff... No sé si també us passa a vosaltres: a casa em renyen quan poso la música molt forta, diuen que no és bo (no sé si és perquè no em quedi sorda... o perquè els molesta a ells!).

Competència en comunicació lingüística

a) On estudia música la Martina?
b) Quina malaltia ens explica que va tenir?

Competència en el coneixement i la interacció amb el món físic

a) La Martina va tenir molta febre i tenia por que li produís:
   MAL D'ORELLA — HIPOACÚSIA
   MOLTA SON — HIPERACÚSIA
b) Quin altre motiu pot produir sordesa?
   CANTAR MOLT
   LA MÚSICA MOLT FORTA
   DORMIR POC
c) Quan hi ha infecció d'orella el timpà pot quedar afectat. Es tracta d'una membrana o d'un osset?
d) Les ones sonores necessiten un mitjà que les transporti: com més dens és el mitjà, més ràpid i més se senten els sons. En quin medi escoltava molts sons la Martina? Ho has provat?

Competència matemàtica

a) Beethoven, el músic que es va quedar sord, va néixer l'any 1770. Això és el segle:
   XV — XX — XVIII — XVII
b) En quin segle som ara?

Competència artística, per aprendre a aprendre, tractament de la informació i competència digital

La Martina no sabia qui era Beethoven i es va espavilar. On buscaries informació sobre aquesta persona? Fes-ho i respon:

a) A quin país va néixer?
b) Tocava el piano o la guitarra?
c) Es va fer famós per les seves simfonies. Les simfonies són per a orquestra o per a piano?

El so es desenvolupa en el temps.

Escoltem i ballem en el temps. No podem escoltar una música en un instant, necessitem tota l'estona que dura una cançó per poder-la sentir sencera. És com mirar una pel·lícula.

En canvi per llegir un llibre també necessitem temps, però és variable.

La música pot ser més ràpida o més lenta, però sempre notem que hi ha un batec regular, com un cor amagat...

La música s'organitza en compartiments: són els compassos, igual com una escola s'organitza en aules.

UNITAT 2

Pulsació, moviment i compàs

1. La pulsació

Què és?

La **pulsació** és el **batec** intern de la música, és com el cor. Sol ser un batec **regular**.

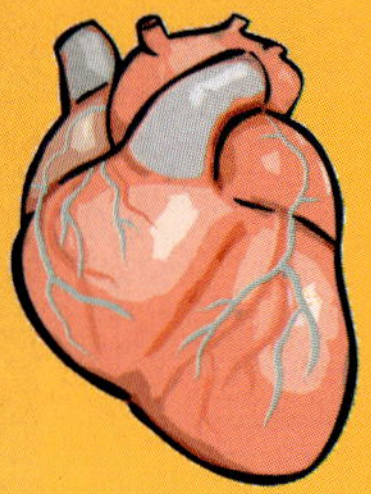

Hi ha cançons amb una pulsació més ràpida i d'altres amb una pulsació més lenta. De la **velocitat** de la pulsació se'n diu **tempo** o **moviment**.

Per a què serveix?

La **pulsació** és necessària perquè la música sigui regular i perquè tots els músics toquin alhora.

La **pulsació** és necessària per poder ballar la música.

Quan la **pulsació** és més **ràpida** els **moviments** del ball són més **ràpids**.

Activitats

1. Pulsació amagada i pulsació evident

A01 *Happy Feet 2*. Lord of the Dance

a) Escolta l'audició. Primer la pulsació està molt amagada, però després es fa més present. Aixeca la mà quan sentis que la pulsació sigui ràpida, clara i evident.

b) Acompanya la part de la pulsació evident amb aquests ritmes picant sobre la taula i seguint la pulsació. Ho estudieu i després us podeu dividir en dos grups, un per a cada ritme. Podeu fer una coreografia.

A) 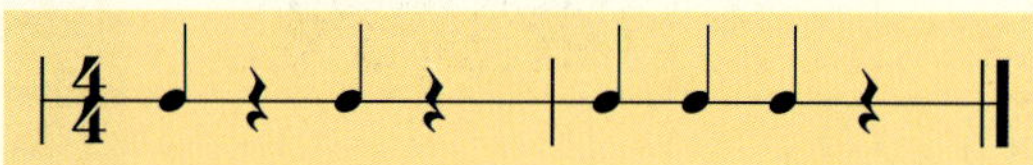 x4

B) 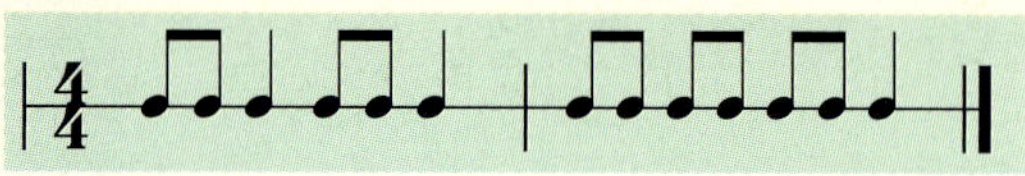 x4

C)  x2

D) 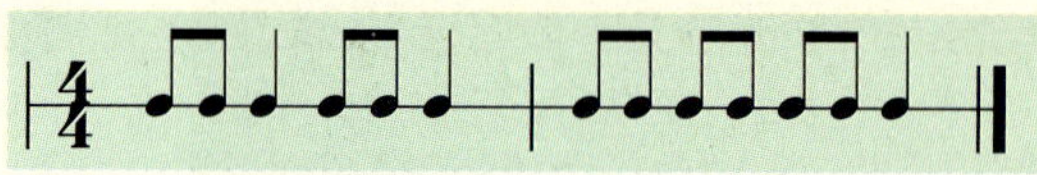 x2

2. Pulsació marcada

A02 *Uptown Girl*. B. JOEL

a) Escolta l'audició i digues quins sons se senten abans de la introducció musical.

☐ Sons de la natura.

☐ Sons d'un taller.

b) Fixa't en els instruments que marquen més clarament la pulsació i porten el batec de la cançó: és la percussió. Assenyala quan sentis la pandereta portant la pulsació de manera contínua –model A– o quan sentis bombo-pandereta-bombo-pandereta –model B.

Pulsació: model A

Pulsació: model B

c) Torna a escoltar l'audició seguint l'estructura.

Intro (4c)	Estrofa (8c)	Estrofa (8c)	Tornada (12c)	Estrofa (8c)	Un altre tema (8c)	Estrofa (8c)
Oh, oh... dels cors	Veu solista + cors	Veu solista + cors	Veu solista + cors	Veu solista + cors	Oh, oh...	Veu solista + cors
Model A	Model A				Model A i B	

d) On se sent la percussió més marcada, a les estrofes o a la tornada?

e) Escriu al musicograma quan el model de percussió és A o B.

f) La pulsació és regular o hi ha canvis?

2. Canvis de pulsació

La **pulsació** sol ser **regular**, però a vegades el compositor fa **canvis bruscos** per donar més expressió a la música. Passa d'una pulsació ràpida a una de lenta i al revés.

Johannes Brahms.

Activitats

3. Canvis sobtats de pulsació

A03 *Dansa Hongaresa núm. 5.* J. BRAHMS

a) Escolta l'audició picant la pulsació amb un dit sobre la taula i fixant-te en si sempre és igual.

b) Posa el dit a sobre de cada quadre quan la pulsació sigui ràpida o sigui lenta.

PULSACIÓ RÀPIDA	PULSACIÓ LENTA

4. Canvis graduals de la pulsació

A04 *Música de videojoc*

a) Escolta aquesta música de videojoc i pica la pulsació amb un dit sobre la taula.

b) Completa la frase:
Aquesta música per a videojoc fa un...

RITARDANDO *ACCELERANDO*

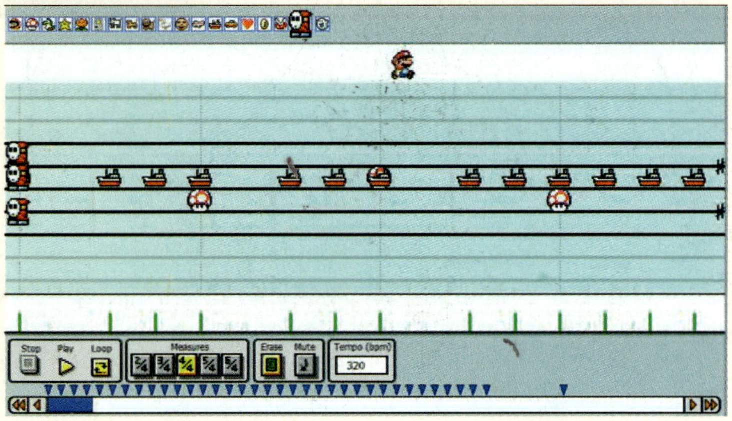

La **pulsació** es modifica **gradualment** de dues maneres:

Ritardando vol dir que cada vegada la pulsació va més a poc a poc.

Accelerando vol dir que cada vegada va més ràpid.

3. El tempo o moviment

Què és el tempo? → El tempo o moviment és la velocitat de la pulsació amb què s'interpreta una obra musical.

Per què és important el tempo per a la música? → El tempo és important perquè:

- El compositor pensa les seves obres a una velocitat, més lenta o més ràpida.
    - L'intèrpret els dóna vida considerant la indicació de velocitat que diu el compositor.
- La velocitat de la pulsació dóna caràcter a les obres.

On i com s'indica el tempo? → El tempo s'indica al principi de les composicions de la següent manera:

Amb **números**:

Amb **paraules**:

Largo o lento	→	Molt a poc a poc
Adagio	→	A poc a poc
Andante o moderato	→	Tranquil·lament
Allegro	→	Ràpid
Vivace o presto	→	Molt ràpid

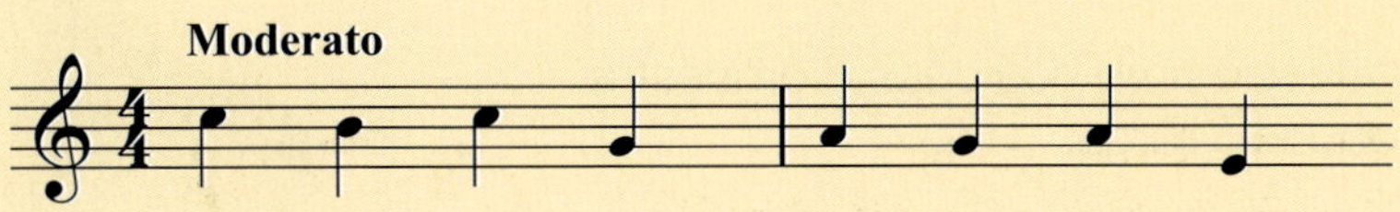

Com es mesura el tempo o moviment? → El tempo es mesura amb un aparell anomenat **metrònom**.

Metrònom mecànic

Metrònom electrònic

Activitats

5. La velocitat de la pulsació

A05 Audició A
Tritsch-tratsch Polka. J. STRAUSS II

A06 Audició B
Adagio. SECRET GARDEN

A07 Audició C
Simfonia núm. 101, 'El rellotge'. F. J. HAYDN

a) Escolta un trosset de cadascuna de les tres audicions, cerca la pulsació i marca-la percudint el dit sobre la taula.

b) Compara-les i digues el tipus de pulsació que té cada audició. Després completa la taula:

LENTA MITJANA RÀPIDA

Audició A	**Audició B**	**Audició C**
Pulsació	Pulsació	Pulsació ....
Amb quines paraules italianes s'indicaria?	Amb quines paraules italianes s'indicaria?	Amb quines paraules italianes s'indicaria?

c) Escolta les audicions senceres i completa els qüestionaris analitzant com utilitza cada compositor els diferents elements de la música. Podeu dividir-vos en tres grups i fer tres coreografies.

Audició A: ***Tritsch-tratsch Polka.*** **J. STRAUSS II**

1. Pulsació:
   - ☐ La pulsació és molt marcada.
   - ☐ La pulsació és poc marcada.
2. Estructura:
   - ☐ Hi ha una introducció amb dos cops d'orquestra.
   - ☐ Hi ha una introducció llarga.
3. Instruments:
   - ☐ Hi ha percussió.
   - ☐ No hi ha percussió.
4. Intèrprets:
   - ☐ Toca un grup petit de músics.
   - ☐ Toca un grup gran de músics.
5. Matisos:
   - ☐ Hi ha canvis de volum.
   - ☐ Tota l'audició té un volum fluix.
6. Caràcter:
   - ☐ Té un caràcter dramàtic.
   - ☐ Té un caràcter alegre.
7. Melodia:
   - ☐ Es torna a sentir la melodia de l'inici de la peça.
   - ☐ Ja no es torna a sentir la melodia de l'inici de la peça.

V01 Vídeo: *Tritsch-tratsch Polka*. J. STRAUSS II

8. Mira el vídeo i observa que aquí la versió és vocal i instrumental. Qui canta, un cor infantil o un d'adults?

Audició B: ***Adagio*****. SECRET GARDEN**

1. Pulsació:
   - ☐ La pulsació és molt marcada.
   - ☐ La pulsació és poc marcada cap al final.
2. Estructura:
   - ☐ Hi ha una introducció abans que entri el solista.
   - ☐ No hi ha introducció abans que entri el solista.
3. Instruments:
   - ☐ L'instrument solista és de corda.
   - ☐ L'instrument solista és de metall.
4. Acompanyament:
   - ☐ Un grup petit de músics de rock acompanya el solista.
   - ☐ Una orquestra acompanya el solista.
5. Matisos:
   - ☐ Hi ha canvis delicats de volum.
   - ☐ Tota l'audició té un volum fort.
6. Caràcter:
   - ☐ Té un caràcter dramàtic.
   - ☐ Té un caràcter alegre.
7. Melodia:
   - ☐ La melodia és molt important, més que els altres elements.
   - ☐ La melodia no és important, és més important el ritme.

Audició C: ***Simfonia núm. 101*****,** ***'El rellotge'*****. F. J. HAYDN**

1. Pulsació:
   - ☐ La pulsació és molt marcada.
   - ☐ La pulsació és poc marcada.
2. Estructura:
   - ☐ Hi ha una introducció curta.
   - ☐ No hi ha introducció.
3. Instruments:
   - ☐ Toca un piano, un clarinet i un violí.
   - ☐ Toca una orquestra.
4. Matisos:
   - ☐ Tota l'audició té un volum mitjà sense grans canvis de volum.
   - ☐ Hi ha molts canvis de volum sonor.
5. Caràcter:
   - ☐ Té un caràcter alegre.
   - ☐ Té un caràcter dramàtic.

V02 Vídeo: *Simfonia núm. 101, 'El rellotge'*. F. J. HAYDN

6. Mira el vídeo i observa els instruments que fan el rellotge i els que fan la melodia. Es manté el tempo de la versió de l'audició? El tempo del vídeon és més lent?

6. Interpreta la pulsació estable

A08 *Inter-city Stomp*. Popular

Hi ha estils de música en què el ritme és l'element que els dóna caràcter: l'ska, el rock...

Diuen que el nom de *stomp* ve de l'acció dels ballarins, que piquen de peus a terra per portar la pulsació.

L'*stomp* és un ritme afroamericà. Es caracteritza per una **pulsació estable, marcada** i pesant. La melodia té frases curtes. El caràcter és alegre i ballable.

a) Escolta l'enregistrament, observa la partitura i toca la peça percudint el ritme sobre la taula. La dificultat rítmica no està en les notes, que són majoritàriament corxeres: la dificultat és comptar les pauses i comptar la nota llarga del final.

b) Toca la línia I amb la flauta, la línia II amb la flauta o el xilòfon i la línia III amb el timbal.

c) Amb el timbal –tapat amb un drap perquè soni més sec– percudeix la pulsació durant tota la peça, menys en les dues últimes pulsacions, en què has d'interpretar el mateix ritme que la melodia i el baix.

d) La pandereta entra a la segona roda. Percudeix les negres, doblant el ritme del timbal, i acaba la peça amb la mateixa fórmula rítmica que la melodia i el timbal.

Intro: 8 pulsacions

Z mi' re' do' la Z/ mi' re' do' la Z Z

Z mi' re' do' la Z/ mi' re' do' la Z sol la

do' la Z Z Z / ( )re' ( )re' ( )re' ( )re'/ do' la
( )la ( )la ( )la ( ) la / sol la /

Z Z Z / Z Z Z Z /

Z mi' re' do' la Z/ mi' re' do' la Z Z

Z mi' sol' do' la Z/ mi' re' do' la Z sol la

do' la Z Z Z / ( )re' ( )re' ( )re' ( )re' /do' la
( )la ( )la ( )la ( ) la /sol la /

Z Z Z/ Z Z Z sol la

do' la Z Z Z / ( )re' ( )re' ( )re' ( )re' /do' la
( )la ( )la ( )la ( ) la /sol la /

Z Z Z / Z Z Z sol' (1 +4 +2) mi' re' do' la
re' (1 + 4 + 2)
la (1 + 4 + 2)

X2

Intro: 8 pulsacions

la la la la/ la la la la
la la la la / la la la la
fa fa fa fa / fa fa fa fa
la la la la/ la la la la
------
la la la la/ la la la la
la la la la / la la la la
fa fa fa fa / fa fa fa fa
la la la la/ la la la la

fa fa fa fa / fa fa fa fa/
la la la la/ la la la Z

Z Z re' (4) mi' re' do' la
la (4)
mi (4)

X2

Inter-city Stomp

Popular

4. El compàs: binari, ternari i quaternari

Segons l'**accentuació** de les pulsacions...

↓

hi ha...

↓

Compassos

- **Binaris** — Accent cada dues pulsacions → $\frac{2}{4}$
- **Ternaris** — Accent cada tres pulsacions → $\frac{3}{4}$
- **Quaternaris** — Accent cada quatre pulsacions → $\frac{4}{4}$

↓

Com se sap el compàs?

↓

Buscant la pulsació forta i comptant quantes n'hi ha fins a la propera. →

>			>				>			
1	2		1	2	3		1	2	3	4

Activitats

7. Busca el compàs

a) Digues en quin compàs estan compostos els següents temes:

A09 *Amelie*. Y. Tiersen

$\frac{2}{4}$ $\frac{3}{4}$ $\frac{4}{4}$

A10 *One More Night*. Maroon 5

$\frac{2}{4}$ $\frac{3}{4}$ $\frac{4}{4}$

A11 *Marxa Radetzky*. J. Strauss

$\frac{2}{4}$ $\frac{3}{4}$ $\frac{4}{4}$

b) Fes de director d'orquestra. Escolta les audicions i porta el compàs com et mostri el teu professor o professora.

5. El compàs 6/8

Els compassos que heu vist són compassos simples. També hi ha **compassos compostos**, com el 6/8.

El compàs 6/8

El compàs 6/8 és un compàs binari, com el 2/4, però a cada temps hi ha 3 corxeres en comptes de dues. És un ternari dins d'un binari.

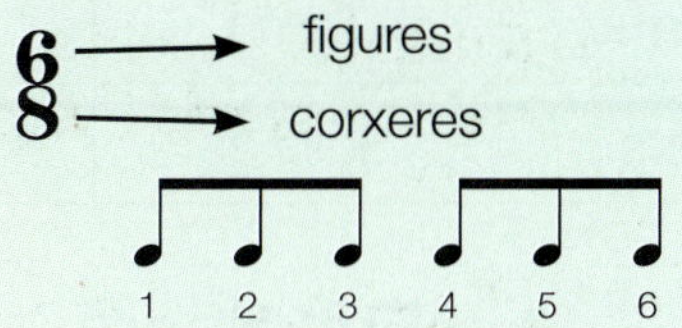

El compàs 6/8 es fa servir quan es vol donar un aire de música popular i de natura.

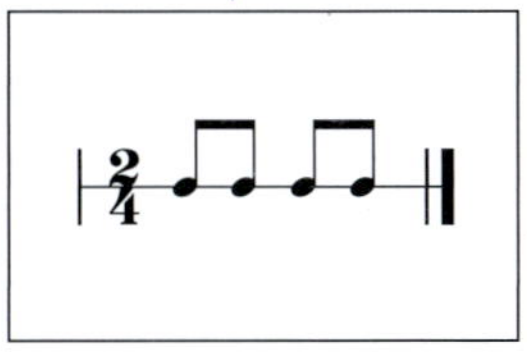

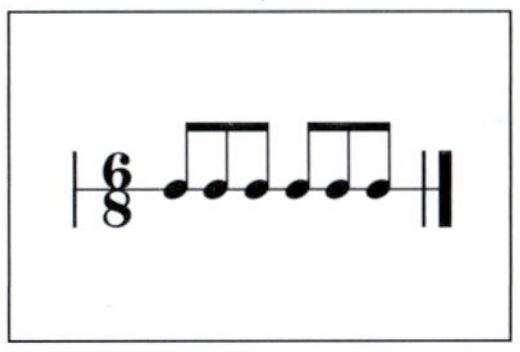

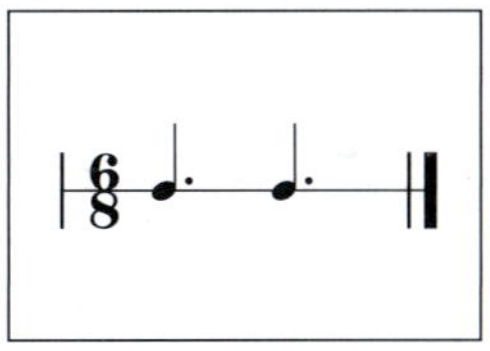

Música popular: havanera

Activitats

8. El balanceig del 6/8

A12 *Cinquè moviment, Simfonia núm. 6, 'Pastoral'.* L. v. BEETHOVEN

a) Observa la partitura i mira com es reparteixen les notes a cada temps.

b) Escolta l'audició seguint la partitura amb el dit. El tema comença després de la introducció.

c) Quantes vegades surt el tema?

d) Canvia la intensitat del so en cadascuna de les rodes?

e) Estudia la partitura amb la flauta.

f) Toca-la sobre l'audició amb un caràcter balancejant.

V03 *Cinquè moviment, Simfonia núm. 6, 'Pastoral'.* L. v. BEETHOVEN

g) Mira el vídeo. Es veu molt bé el moviment balancejant que fan els músics tocant al so del compàs 6/8.

9. Música popular celta en 6/8

A13 *Erin Shore*. The Corrs

a) Observa la partitura. Quina fórmula rítmica en compàs 6/8 caracteritza la cançó?

b) Escolta el tema seguint la partitura i després amb l'estructura.

Intro	Tema	Tema	Tema	Tema	Percussió	Tema + percussió
	Tots	Tots	Solistes	Tots		Tots

Erin Shore

The Corrs

c) Toca-la amb la flauta.

a
() re la_ si do' la_ re la_ fa#
sol fa# re do_do re_ mi / re___

b
() re' si_ la sol la_ si do' re'_ do' si la_
re' do'_ si la sol re mi do__

b
() re' si_ la sol la_ si do' re_' do' si la_
re' do'_ si la sol re mi do__

a
() re la_ si do' la_ re la_ fa#
sol fa# re do_do re_ mi re

d) Un grup de la classe pot fer la percussió amb pandero i bongos. La primera i darrera vegada que es toca es fa la partitura sencera, amb el final. Les vegades que acompanyen la melodia és un patró de vuit compassos que es va repetint, sense l'últim cop.

6. Compassos combinats

> Els compositors juguem amb els compassos combinant-los. En aquesta cançó he combinat el 3/4 amb el 2/4.

Activitats

10. Barreja de compassos

A14 *Living in the Past.* J. TULL

a) Observa un compàs 5/4:

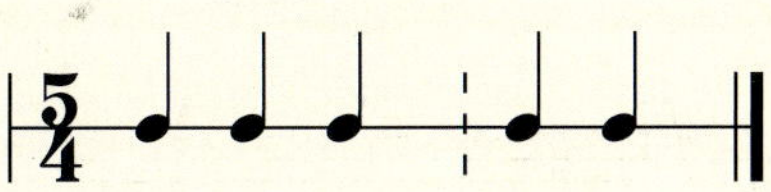

b) Escolta l'audició. Quin instrument fa de solista després de la veu?

c) Acompanya la cançó amb la següent percussió corporal:
- Primer practica els moviments individuals i acompanya la primera part del tema.
- Després practiqueu els moviments col·lectius amb una línia de companys i companyes.

d) Feu grups de sis persones com a mínim i munteu una coreografia amb les propostes de percussió corporal que teniu aquí i amb les que us inventeu. Hi ha dos compassos d'introducció.

- Moviments individuals.

	Un	Dos	Tres	Un	Dos
Ax4	Cuixes	Cuixes	Cuixes	Mans	Mans
Bx4	Cuixa esquerra	Cuixa dreta	Cuixa dreta	Petar de dits	Petar de dits
Cx2	Mans	Mans	Mans	Taula	Taula
Dx4	Petar de dits	Petar de dits	Petar de dits	Mans	Mans
Ex4	Cuixes	Cuixes	Cuixes	Espatlla	Espatlla

- Amb el company o companya del costat:

	Un	Dos	Tres	Un	Dos
A'x4	Cuixes	Cuixes	Cuixes	Cuixa pròpia i del company de la dreta	Cuixa pròpia i del company de la dreta
B'x4	Mans company	Mans company	Mans company	Espatlla creuada pròpia	Espatlla creuada pròpia
C'x4	Cuixa esquerra	Cuixa dreta	Cuixa dreta	Mans del company	Mans del company
D'x4	Mans	Mans	Mans	Espatlla del company de la dreta	Espatlla del company de la dreta
E'	Cuixes	Cuixes	Cuixes	El cap gira a l'esquerra	El cap gira a la dreta

A la E' es van fent els moviments abaixant el cap en els moviments cap a l'esquerra i a la dreta.

Resum de la unitat

La pulsació

La **pulsació** és el **batec regular** intern de la música, és com el cor.

La pulsació és necessària perquè la música sigui regular i perquè tots els músics toquin alhora. La pulsació és necessària per poder ballar la música.

Hi ha cançons amb una pulsació més ràpida i d'altres amb una pulsació més lenta.

De la **velocitat** de la pulsació se'n diu **tempo** o **moviment**.

La **pulsació** sol ser regular, però a vegades el compositor fa **canvis** per donar més expressió a la música. Passa d'una pulsació ràpida a una de lenta i al revés.

La **pulsació** es modifica **gradualment** de dues maneres:

- *Ritardando*: la pulsació cada vegada va més a poc a poc.
- *Accelerando*: la pulsació cada vegada va més ràpid.

El tempo o moviment

El tempo és la velocitat de la pulsació amb què s'interpreta una obra musical.

- El compositor pensa les seves obres a una velocitat, més lentes o més ràpides.
- L'intèrpret els dóna vida considerant la indicació de velocitat que diu el compositor.
- La velocitat de la pulsació dóna caràcter a les obres.
- Es mesura amb un aparell anomenat **metrònom**.

S'indica al principi de les composicions:

- Amb números: per exemple ♩ = 68
- Amb paraules:

Largo o *lento*	→	Molt a poc a poc
Adagio	→	A poc a poc
Andante i *moderato*	→	Tranquil·lament
Allegro	→	Ràpid
Vivace o *presto*	→	Molt ràpid

El compàs

Segons l'**accentuació** de les pulsacions hi ha compassos:

- **Binaris:** accent cada dues pulsacions.
- **Ternaris:** accent cada tres pulsacions.
- **Quaternaris:** accent cada quatre pulsacions.

La pulsació es troba buscant la pulsació forta i comptant quantes pulsacions hi ha fins al proper accent.

El blog de la Martina

Bufff... Estic cansada... Acabo d'arribar d'un assaig amb el grup. De quin grup?, em direu. Doncs, d'un grup de música que tenim amb uns amics. A l'esplai ens han deixat un local i hi tenim la nostra parada.

El que toca la bateria ve amb mi a l'institut, és de l'Equador. També és un boig de la música, però ell és monotemàtic: percussió, percussió i percussió!

A classe no para, sempre està picant ritmes. Agafa dos bolis com si fossin les baquetes i toca patrons rítmics de bateria que ja sap o que s'inventa. Té un do pel ritme que admiro molt!

Ell és l'impulsor del grup de percussió que hi ha a l'insti. L'AMPA ha organitzat uns tallers i un és de percussió.

Els dimecres ve un noi de Rio de Janeiro que ens ensenya a tocar diferents ritmes amb els tambors que tenim a l'aula de música, però també fem servir llaunes i materials reciclats. Així podem fer cercaviles!

Hi ha companys i companyes que els costa mantenir la pulsació, i ell s'enfada perquè la pulsació hauria de sonar regular, però ens accelerem. No fem mai *ritardando*, sempre fem *accelerando*... ha, ha! Ja ho diuen, que els adolescents anem accelerats!

La majoria de peces que toquem estan en compàs quatre per quatre. De tres per quatre no en fem cap... No va bé per caminar a les cercaviles.

Ah, una cosa! Al llibre de música de l'insti hi ha un tema que m'agrada molt, que està en compàs 6/8. Comença tranqui, però després té molta marxa. És el tema *Erin Shore*. Us el recomaaaaaano! Quan el toquem a classe, un company i jo fem les percussions. És divertit acompanyar les flautes amb aquest ritme. Primer toquen sense percussió, després entrem nosaltres i després toquem junts. Ho hem hagut d'assajar un munt de vegades perquè té un tempo ràpid, un *fast*, que diuen en anglès, no és un *medium tempo* ni un *slow* (així és com anomenen les velocitats de la pulsació en música moderna). Em fa gràcia, els de música clàssica ho diuen en italià i els moderns en anglès...

Competència matemàtica

a) Un patró de percussió té quatre compassos. Quantes pulsacions té si el compàs és 4/4?
b) Un compàs 6/8 té dues pulsacions, però a cada pulsació hi ha tres cops. Quantes pulsacions hi ha en quatre compassos 6/8? I quants cops?

Competència en comunicació lingüística

a) Què vol dir que una persona té un do per alguna cosa?
b) Què volen dir les paraules *fast, medium tempo* i *slow*?
c) La Martina ens explica que a la música clàssica les paraules que ens indiquen els canvis de pulsació es diuen en italià. Quines paraules italianes correspondrien a *fast*?

Competència social i ciutadana

a) Si l'AMPA organitzés tallers a l'institut, quin o quins tallers de música t'agradaria fer?

☐ percussió ☐ coral de gospel
☐ guitarra ☐ música per ordinador

b) La Martina fa activitats de música en grup. Quins avantatges té fer música o esport amb companys i companyes?
c) Què és una cercavila?

Competència en el coneixement i la interacció amb el món físic

a) El professor de percussió de la Martina és de Rio de Janeiro. A quin país és aquesta ciutat?
b) L'amic bateria és de l'Equador. L'Equador és un país o una ciutat? És a Amèrica Central o a Amèrica del Sud?
c) Quins materials reciclats es podrien fer servir per fer percussió?

Competència artística

a) Per què el grup de percussionistes no fa cap peça en compàs 3/4?
b) El professor de percussió s'enfada perquè no mantenen la pulsació. Fan ritardando o *accelerando*? Què volen dir aquests termes musicals?

A la unitat anterior hem vist el ritme considerant el batec intern de la música, la pulsació, la velocitat de la pulsació i l'organització en compassos.

En aquesta unitat es parlarà del ritme considerant la successió de les durades dels sons i les seves proporcions.

Les diferents durades del so s'enllacen seguint la pulsació.

Hi ha cançons amb ritmes més repetitius i altres amb ritmes més variats.

UNITAT 3

El ritme musical

1. El ritme musical

El ritme

Es pot analitzar per...

- Els **accents** de les pulsacions → Els **compassos**

Es pot analitzar per...

- La **durada** del so → Les **figures rítmiques**

La durada del so no es mesura en temps real (minuts, segons...).

La durada del so musical es mesura per la relació d'una figura amb l'altra.
És qüestió de matemàtiques: cadascuna val el doble que la següent i la meitat que l'anterior.
És una durada relativa, no és fixa.

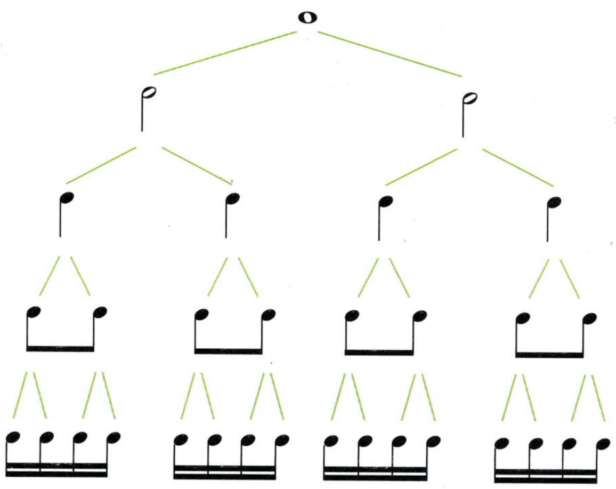

En les melodies, la boleta indica l'altura de les notes i els pals, la durada del so.

Activitats

1. Percudeix sèries rítmiques

a) Observa les següents sèries rítmiques tenint en compte la llargada de les notes.

b) Pica-les sobre la taula amb una pulsació ben precisa. Podeu fer poliritmies.

2. Reconeix sèries rítmiques

a) Observa les següents sèries rítmiques tenint en compte la llargada de les notes.

b) Escriu en quin ordre les interpreta el teu professor o professora i percudeix-les: primer soles i després enllaçades horitzontalment o fent preguntes i respostes.

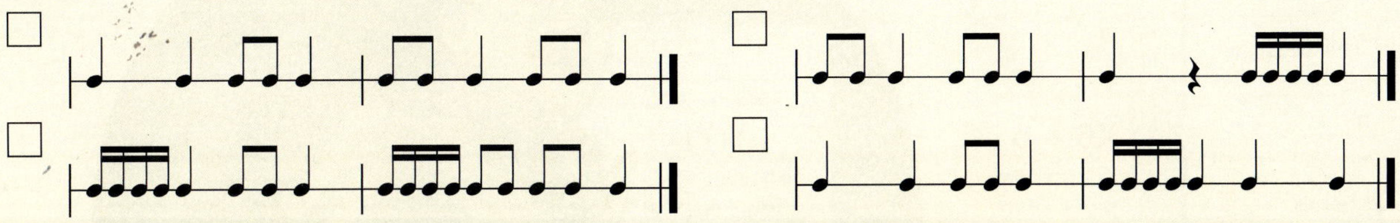

3. Melodia amb ritme

a) Observa les següents sèries rítmiques tenint en compte la llargada de les notes i la posició de les notes en el pentagrama.

b) Toca-les amb la flauta.

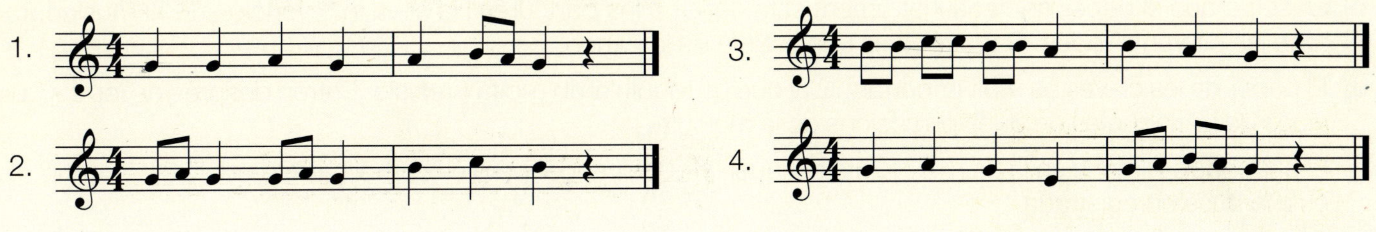

2. El puntet

El puntet allarga la meitat de la figura rítmica al qual va associat.
Si la negra val **un**, amb el puntet val **un i mig**.

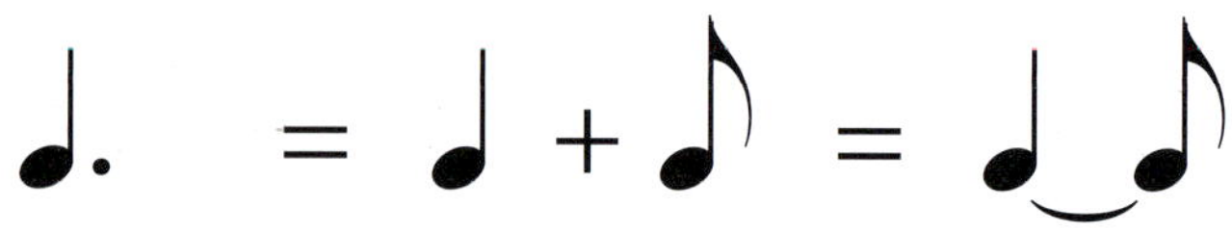

Un altre cop les matemàtiques!

Activitats

4. Un tema amb puntet

A01 *Balada de Mackie Navalla*. K. Weill

a) Aquest tema està ple de notes amb puntet. Escolta l'enregistrament i familiaritza't amb aquest ritme.

b) Estudia i toca la cançó amb la flauta o amb un conjunt instrumental i seguint l'arranjament proposat.

Inici: sis pulsacions de la claqueta

A
mi_ sol la la___
mi_ sol la la___
re_ fa la la___
re_ fa la______

B
sol_ si re' do'__
si_ la do' re___
mi_ fa do' re___
do'_ si la_____

X6 + b

c) Mira la instrumentació en el quadre final: flautes, teclat, carillons, dos xilòfons, unes claves i un pandero percudit amb baqueta.

d) Observa que el paper de cada instrument està definit a les partitures i la seva intervenció surt al musicograma amb les diferents rodes. Cada roda és una estrofa de la cançó.

e) El paper de les claves és molt important. Cal que es toquin amb molta precisió. Entren després de les sis pulsacions de la claqueta i de dues pulsacions de la melodia.

f) El paper dels xilòfons en la 3a i 4a estrofa enriqueix molt la cançó, però és complicat. Si escoltes bé sentiràs que és a la base enregistrada.

Balada de Mackie Navalla

K. Weill

Orquestació de la *Balada de Mackie Navalla*:

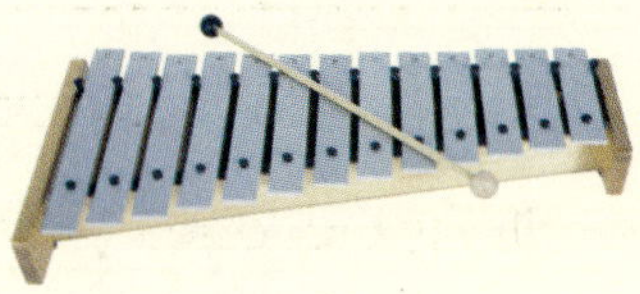

	Flautes	Claves	Xilòfon 1	Xilòfon 2	Flautes 2
Roda 1		X			
Roda 2	X	X			
Roda 3	X	X	X		
Roda 4	X			X	
Roda 5	X	X			X
Roda 6a					
Roda 6b	X	X			
Roda 7b	solista	X			

3. Combinacions rítmiques

Les melodies estan compostes amb diferents figures rítmiques.

Els acompanyaments solen fer servir patrons de figures rítmiques repetides.

Activitats

5. Les semicorxeres com a base

A02 *Babylon*. D. Gray

a) Escolta un fragment de l'audició picant la pulsació: se sent molt clara.

b) Ara escolta l'acompanyament de semicorxeres.

c) Fixa't en la informació del musicograma. Completa'l comptant els compassos que té cada secció musical.

Intro		Estrofa		Interludi	Estrofa		Tornada	
		a	b		a	b	a	b
4	4	4 + 4						

d) Marca la casella de la tornada (*a* o *b*) on sentis que canten dues veus i entren uns violins.

e) Acompanya la cançó seguint els ritmes proposats. Comença a l'estrofa i vés seguint la partitura.
8 compassos d'introducció i...

6. Les corxeres com a base

A03 *«What We Need is a Hero». Beowulf.* A. SILVESTRI

«Ens trobem davant d'una banda sonora que farà les delícies de qui li agradi el cinema èpic i la música d'aquest tipus de pel·lícules. Aquesta és una gran partitura d'Alan Silvestri, autor que gairebé mai no decep.»

Blog: *La claqueta digital* (2008)

a) Escolta l'audició. Veuràs que el motor rítmic són les figures de corxera. Pica-les sobre la taula.

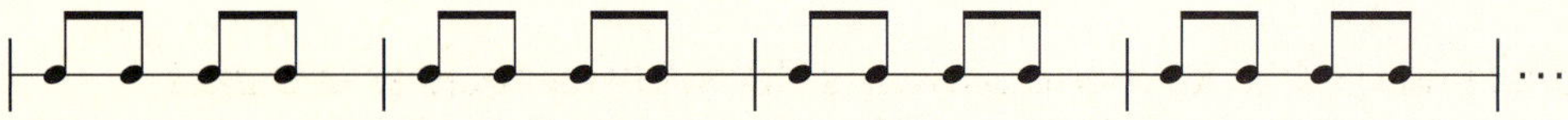

b) Tota la peça està composta al voltant d'unes veus d'acompanyament que fan el ritme següent. Pica'l sobre un fragment de l'audició.

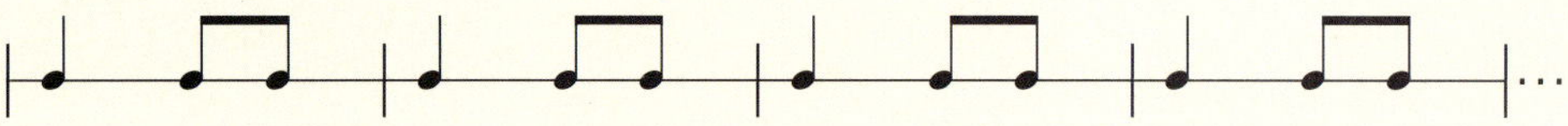

c) La pulsació és molt marcada?

d) És ràpida o mitjana?

e) El compàs és binari o ternari?

f) Els accents són:

A LA PRIMERA PULSACIÓ A LA SEGONA PULSACIÓ

g) Considerant que el compàs és de 2/4, quants compassos té la introducció: quatre o vuit?

h) Quins instruments fan la melodia a l'inici del tema A: greus o aguts?

i) Et sembla que són de corda o de metall?

j) Escolta l'audició i vés assenyalant l'estructura.

Intro	**A**	**Interludi**	**B**	**Interludi**	**C**	**Coda**
	Instrumental	4 cops de veu	Veus	4 cops de veu	Veus masculines	Dos cops secs

k) Toca la semipartitura a sobre de l'audició.

A

sol sol re' mi ♭'re '/ do' si do' re' 2+4 _____
si do' re' do' si/ si ♭ do' re' 2+4 _____
sol sol re' mi ♭'re '/ do' si do' re' 2+4_____
si do' re' do' si/ si ♭ la sol 2+4_____

B

Pica la fórmula rítmica ♩ ♫ a les cuixes fins a escoltar unes veus de noia que fan aquesta fórmula rítmica cantant.

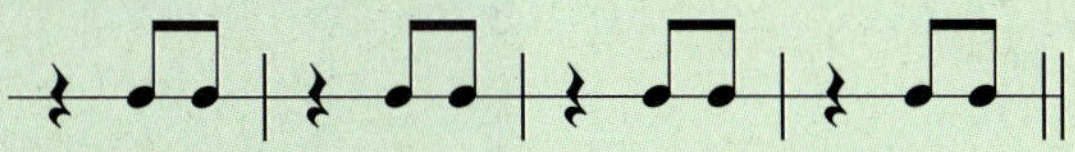

C

si 4__/ do'__ si 2+4 ______
si 4__/ do' la si__/ do'__do#'__/ do'__ si__
do'__do#'__ / do' re' Z Z/ cop a terra Z cop a terra Z

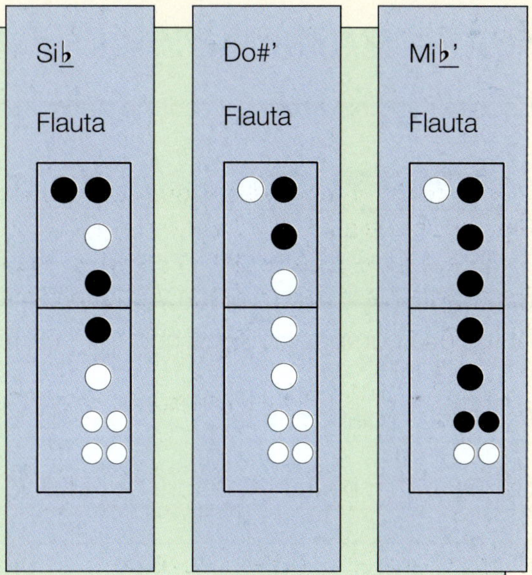

l) Observa que la melodia està composta amb diferents figures rítmiques. També hi ha notes amb puntet. Segueix l'audició amb la partitura. Podeu dividir-vos en dos grups i fer una coreografia.

What We Need is a Hero

A. Silvestri

Introducció de 8 compassos de 2/4

7. Corxera i dues semicorxeres

A04 *1492 Conquest of Paradise*. VANGELIS

a) Escolta l'audició i segueix el ritme obstinat que fa la percussió.

b) Assenyala les frases que són verdaderes:

- ☐ És una composició per a cor i orquestra.
- ☐ Està escrita en un compàs quaternari.
- ☐ Hi ha un piano solista.
- ☐ Predominen les veus femenines del cor.

c) Segueix i completa l'estructura de l'audició.

Tema		Intro	A		A		B
Compassos		4	8	1	8	1	8 + 8
Instrumentació		Percussió i una mica d'orquestra.	Cor i una mica d'orquestra. Se sent la percussió.		Cor, orquestra i piano.		Destaca l'orquestra de sons electrònics.
Obstinat		sí	sí	sí	sí	no	no

A	A		B	A	A	Coda
8	8	1	8 + 8	8	8	4 + indefinits
Piano solista i orquestra.	Cor i orquestra.		Destaca l'orquestra i sons electrònics. Segona part amb més violins.	Cor, orquestra.	Piano solista i orquestra. Cor a boca closa.	Dues repeticions dels dos últims compassos. Acord i notes soles.

d) Toca la melodia del tema amb la flauta seguint l'estructura. Afegeix-hi percussió. També pots fer que hi hagi A solista i A tots.

A
fa'_ mi' re' do#'_ re' mi'_ do#' la_
fa'_ mi' re' do#'_ re' mi'__ do'
la'_ sol' fa' mi'_ fa sol'_ mi' do'_
si ♭_ do' re' do'_ si ♭ la__

(Algunes A acaben amb un compàs més.)

B
la(3)___ si la sol
la(3)___ si la sol
la(3)___ si do#' re'
fa#(3)__ mi fa# sol
la(3)___ si la sol
la(3)___ si la sol
la(3)___ si do#' re'
fa#(3)____ mi_

Coda: si ♭_ do' re' do'_si ♭ la x2

4. La síncope i el contratemps

La síncope i el contratemps són maneres de donar més ritme a les cançons.

- La **síncope** arrossega notes d'un temps a un altre i s'ha de tocar amb una mica més d'atac que les altres notes.
- El **contratemps** es menja la primera part de cada pulsació amb una pausa.

Activitats

8. Audició amb contratemps

A05 *Syncopated Clock*. L. Anderson

a) Escolta l'audició. Es tracta d'un tema del mateix compositor que ha sortit a la unitat 1. Aquesta vegada incorpora sons d'instruments de percussió i un timbre que imiten un despertador antic. Aixeca la mà quan sentis que es trenca el ritme de negres i surt el contratemps.

b) Torna-la a escoltar seguint la partitura rítmica del rellotge fixant-te on hi ha el contratemps.

Intro: 2 compassos

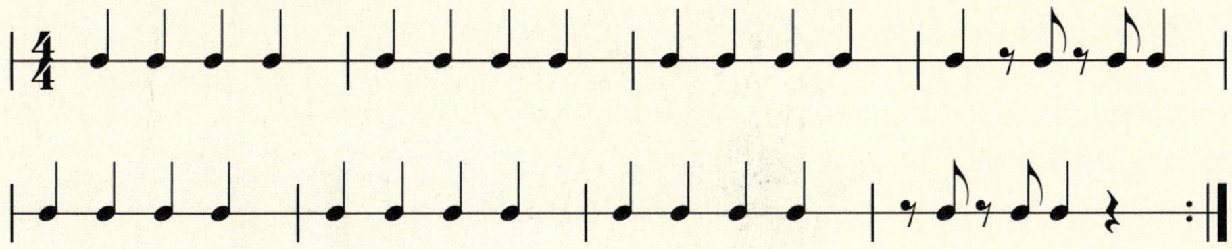

V01 *Syncopated Clock*. L. Anderson

c) Mira el vídeo i fixa't com fan el ritme del rellotge amb un instrument de percussió.

d) Aquesta versió és de pulsació més ràpida o més lenta que la de l'audició?

9. Toca un tema amb síncopes

A06 *Riverboat Rag*. Popular

El ragtime és un estil de música nord-americà que es caracteritza per una línia melòdica plena de síncopes.

a) Mira la partitura i fixa't que la segona nota de cada compàs sempre fa síncope, sempre s'arrossega. A la semipartitura està en majúscules.

b) Toca la cançó a una veu, seguint les notes en negre, o a dues veus. Marca intencionadament la nota que fa síncope.

Intro: la DO'_ la do' la/ mi SOL_ mi sol mi/ fa SOL_ fa mi re do

A
mi SOL_ mi sol mi fa sol_(3)/ fa SOL_ fa sol la mi__(4)

{la DO'_ la do' la / mi SOL_ mi sol mi/ fa SOL_ fa mi re do__(4)
{fa LA__ fa la fa/ do MI_ do mi do/ re MI_ re mi re do__(4)

B
re MI_ re sol__(3) fa mi re mi fa sol fa mi__(4)
fa# SOL_ fa# si__(3) la sol fa# sol la si la / si la sol fa

x2

A'
mi SOL_ mi sol mi fa sol_(3)/ fa SOL_ fa sol la mi__(4)

{la DO'_ la do' la / mi SOL_ mi sol mi / la DO'_ la do' la / mi SOL_ mi sol mi
{fa LA__ fa la fa/ do MI_ do mi do / fa LA__ fa la fa/ do MI_ do mi do

{la DO'_ la do' la / mi SOL_ mi sol mi / fa SOL_ fa mi re do_ do'
{fa LA__ fa la fa/ do MI_ do mi do / re MI_ re mi re do_ do'

Riverboat Rag

Popular

Resum de la unitat

El ritme

El ritme es pot analitzar considerant els accents de les pulsacions i dels compassos o per la durada dels sons.

Les figures rítmiques

La durada del so musical es mesura per la relació d'una figura amb l'altra.

És qüestió de matemàtiques: cadascuna val el doble que la següent i la meitat que l'anterior. És una durada relativa, no és fixa.

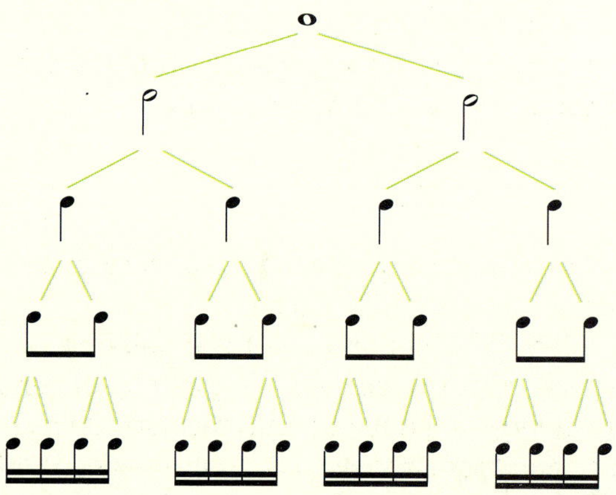

El puntet allarga la meitat de la figura rítmica a la qual va associada.

En les melodies la boleta indica l'altura de les notes i els pals diuen la durada del so.

- Les **melodies** estan compostes amb diferents figures rítmiques.
- Els **acompanyaments** solen fer servir patrons de figures rítmiques repetides.

La síncope i el contratemps

La síncope i el contratemps són maneres de donar més ritme a les cançons.

- La **síncope** arrossega notes d'un temps a un altre i s'ha de tocar amb una mica més d'atac que les altres notes.
- El **contratemps** es menja la primera part de cada pulsació amb una pausa.

El blog de la MaRtiNa

Avui hem tornat a assajar amb el grup. Quedem els divendres a la tarda. De moment som quatre: el bateria, el baix, el guitarra i jo, que canto i a vegades toco un teclat. A alguns assajos també ve un noi dominicà, amic del bateria, que toca percussions. M'encanta, perquè quan ve ell tota la música camina millor. El noi té *a good beat*!

A vegades, abans de començar l'assaig, dic a en Dani, el bateria, que m'ensenyi a tocar-la. Ell està encantat perquè m'hi fixo molt, però em costa això de fer diferents ritmes alhora amb els dos braços i les dues cames! Quina bogeria! Com que toco el piano, ja hauria d'estar acostumada a fer un ritme amb cada mà... però no és el mateix!

La bateria no és un instrument: és un conjunt d'instruments!

En Dani me'ls ha gravat. Escolteu com sonen per separat: bombo, caixa, plats, xarles i timbales; després junts fent un patró, i al final improvisant.

A07 *Bateria. Mostres*

Al local d'assaig en Dani té una bateria acústica però a casa en té una d'electrònica, així pot controlar el volum del so amb l'amplificador per no molestar els veïns.

En Dani va a classes amb un professor. Va començar a tocar sol, imitant el que feien els bateries, mirava tutorials del YouTube i picava sobre els coixins de casa. Així és com comencen molts bateries... ha, ha, però, segons diu ell, arriba un moment que és necessari que et donin recursos de tècnica i que et corregeixin les males posicions (els bateries també es lesionen perquè repeteixen moltes vegades els mateixos moviments). La família d'en Dani ha invertit molta pasta en les dues bateries i en les classes, però el noi promet ser un gran músic!

Amb en Dani fem intercanvi: jo li ensenyo les durades de les figures musicals i a llegir ritmes i ell m'ensenya a tocar. Per mi, llegir ritmes és fàcil perquè a l'escola de música fem llenguatge musical.

Competència per aprendre a aprendre

a) Com ha començat a tocar la bateria en Dani? Sempre ha tingut professor?
b Quin pacte d'intercanvi tenen en Dani i la Martina?
c) Busca una imatge d'una bateria amb les seves parts i com es diuen.

Competència matemàtica i competència en comunicació lingüística

a) Si una rodona en anglès és una *whole note* i una corxera és una *eighth note*, què són una *half note* i una *quarter note*?
   - ☐ Una semicorxera i una blanca
   - ☐ Una blanca i una negra
   - ☐ Una negra i una blanca
   - ☐ Una negra i una semicorxera

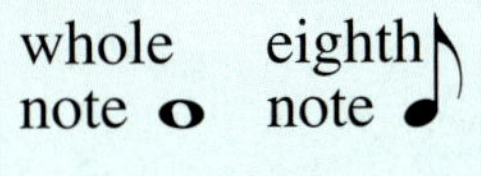

b) Si una negra té quatre semicorxeres, quantes semicorxeres hi ha en una rodona?
c) Si una negra amb punt equival a tres corxeres, quantes corxeres hi ha en tres negres amb punt?

Competència en comunicació lingüística

a) Què vol dir que l'amic dominicà que toca les percussions té un *good beat*? Busca-ho al traductor.

Competència d'autonomia i iniciativa personal

a) Si diem que la Martina és una noia amb iniciativa, què volem dir?
b) Quan tens ganes de fer una cosa et mous per trobar el lloc on ho pots aprendre o et quedes amb les ganes?

Competència social i ciutadana

a) Per què es pot dir que en Dani és un noi educat i respectuós amb les altres persones?

Competència tecnològica

a) Quina diferència creus que hi ha entre una bateria acústica i una d'electrònica?
b) Per fer sonar una bateria electrònica fa falta un amplificador?

El ritme és l'element de la música que organitza el so en el temps, però el ritme no sol anar sol: normalment va lligat a una melodia.

La melodia és l'element de la música que recordem, que xiulem, que ens enganxa.

La melodia que ens arriba emocionalment, la que ens entristeix o ens anima, també es pot analitzar.

Si ens fixem en com està composta una melodia veurem com el compositor ha decidit enllaçar les diferents altures del so, les diferents notes.

UNITAT 4

La melodia

1. La melodia
2. El disseny de la línia melòdica
3. El registre de la melodia
4. L'àmbit d'una melodia
5. Els motius melòdics
6. Els sons musicals
7. Les escales musicals

Resum de la unitat

Competències bàsiques

1. La melodia

La melodia

Què és la melodia?
Una melodia és la successió de **sons** de diferents **altures** que expressen una **idea musical**.

La successió de sons forma la **línia melòdica** del tema musical.

Els sons que formen la línia melòdica provenen d'una **escala**.

Cada cultura té les seves escales.

Quina importància té la melodia?

La melodia és l'element de la música més característic, és el que recordem més. A vegades no ens la podem treure del cap, l'escoltem per dins.
Les persones tenim audició interior, podem escoltar una melodia «per dins».

Una melodia es pot classificar segons:

El **disseny** → És la forma de la línia melòdica. Els caps de les notes formen una línia invisible.

El **registre** → És l'altura on es mou la línia melòdica. Pot ser una melodia més greu o més aguda.

L'**àmbit** → És la distància entre el so més greu i el més agut.

L'**estructura** → És la manera com s'organitza en temes, motius i frases.

Activitats

1. Classificació d'una melodia

Segueix les explicacions i els exemples musicals del teu professor o professora sobre la classificació de la melodia i digues què mostra cada exemple: DISSENY / REGISTRE / ÀMBIT / ESTRUCTURA

☐ 

Tema a

☐ 

Tema b

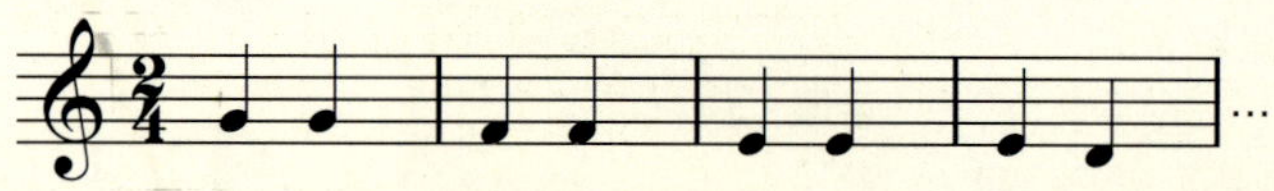

☐ 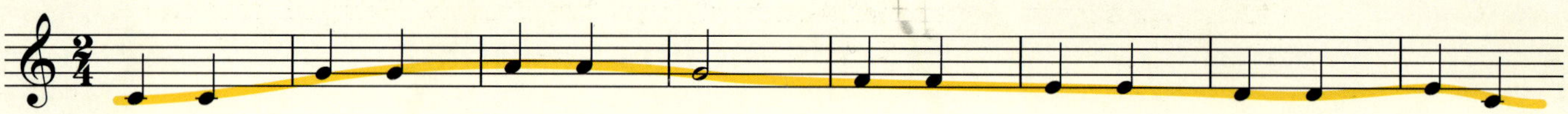

Greu

☐ 

Agut

2. El disseny de la línia melòdica

El **disseny** de la línia melòdica és la forma que té.

- **Trencada:** línia melòdica que fa molts salts entre les notes.
- **Ondulada:** línia melòdica que es mou per notes pròximes.
- **Direccional:** línia melòdica que va de l'agut al greu o al revés.
- **Repetida:** línia melòdica que fa servir moltes notes repetides.

Activitats

2. Reconeixement de línies melòdiques

A01 *Línies melòdiques 1*

a) Observa les melodies i dibuixa la línia melòdica unint els caps de les notes amb un llapis.

b) Digues l'ordre en què escoltes cada melodia.

c) Observa la melodia escoltant l'audició i digues quina melodia té una línia trencada, ondulada, descendent-ascendent o repetida.

Melodia A ☐

Melodia B ☐

Melodia C ☐

Melodia D ☐

3. Disseny de línia melòdica (1)

A02 *«El Matí». Suite ‘Peer Gynt’*. E. GRIEG

a) Observa la melodia a la partitura d’aquesta composició. Consideres que té una melodia ondulant o plana?

b) Escolta l’audició i aixeca la mà quan s’acabi la partitura.

4. Disseny de línia melòdica (2)

a) Observa la melodia a la partitura d’aquesta composició. Consideres que té una melodia ondulant o és gairebé plana? Toca-la amb la flauta i marca els silencis amb la percussió.

A03 *«O Fortuna». Carmina Burana*. C. ORFF

3. El registre de la melodia

Hi ha melodies que estan compostes per cantar-les o tocar-les en un registre de notes agudes i d'altres que el compositor les ha pensat en un registre greu, amb notes greus.

Els registres **greus** fan que la melodia soni seriosa i segura.

Els registres **aguts** fan que la melodia es faci molt present i destaqui.

Activitats

5. Dos registres de melodia

V01 *«Oh Isis i Osiris». La flauta màgica.* W. A. MOZART

V02 «La reina de la nit». *La flauta màgica*. W. A. MOZART

Una **ària** d'òpera és una peça per ser cantada per una veu solista amb acompanyament orquestral.
En un òpera hi ha diferents àries.
Els cantants tenen les seves àries preferides i les canten en concerts o les enregistren per vendre-les.

a) Aquí tenim els dos registres de veu que va escollir Mozart per a dos dels seus personatges preferits: una parella de poderosos, cadascun a la seva manera!
Escolta el registre de la melodia d'aquestes dues veus i digues qui canta en un registre agut i qui canta en un de greu.

Vídeo 1: melodia en registre ......

Vídeo 2: melodia en registre ....

b) Quin registre tenen els instruments que acompanyen l'audició 1, greu o agut?

c) La protagonista del segon vídeo està enfadada o contenta amb el protagonista del primer vídeo?

d) Quina de les dues àries —cançons d'òpera— té la pulsació més ràpida?

6. Dos registres diferents a la mateixa cançó

A04 *Gandalf's Fall*. H. SHORE

Observa que hi ha dos registres extrems per mostrar el patetisme de la pèrdua d'un heroi: una línia greu i una d'aguda.

a) Amb quin registre comença, de les dues parts que sonen alhora, amb l'agut o amb el greu?

b) Les dues línies melòdiques són ondulades o fan molts salts?

c) El tema té la pulsació molt marcada o gens marcada?

d) Està composta amb notes llargues o curtes?

7. Registre mitjà

A05 *Something Stupid*. C. C. Parks

Escolta i toca la cançó seguint la partitura, la línia melòdica té moltes notes repetides.

· **Intro** (quatre compassos)

Tema

() mi/ sol sol sol sol la la la la
() mi/ mi mi mi mi mi mi mi mi

si si si si do' do' si sol la la do' si______
mi mi mi mi mi mi mi mi fa fa fa fa______

()sol/ sol sol sol sol la la la la
()fa/ fa fa fa fa fa fa fa fa

si si si si do' do' si sol la' la si la_____
fa fa fa fa fa fa fa fa mi mi mi mi____

() sol/do' do' do' do' re' re' re' re'
() mi/ mi mi mi mi fa fa fa fa

mi' mi' mi' mi' sol'__fa' mi' fa' mi'_re' re'
sol sol sol sol si♭__ si♭ si♭ si♭ la__ la la

la/ do' do' do' la si si si la
fa/ fa fa fa fa sol sol sol sol

do'do' do' la si si mi' re'_do' do'___
fa fa fa fa sol sol sol fa_ mi mi ___

()sol/do' do' do' do' re' re' re' re'
()mi/ mi mi mi mi fa fa fa fa

mi' mi' mi' mi' sol'_ fa' mi' fa' mi'_re' re'
sol sol sol sol si♭__si♭ si♭ si♭ la__ la la

()la/ re' re' re' re' mi' mi' mi' mi'
()la/ fa# fa# fa# fa# sol sol sol sol

fa#' fa#' fa#' fa#' la la la si la sol sol_
la la la la do' do' do' re' do' si si___

()mi/ sol sol sol sol la la la la
()mi/ mi mi mi mi mi mi mi mi

si si si si do' do' si sol la la do' si_____
mi mi mi mi mi mi mi mi fa fa fa fa________

() sol/sol sol sol sol la la la la
() fa/ fa fa fa fa fa fa fa fa

si si si si do' do' si sol la la si la_____
fa fa fa fa fa fa fa fa mi mi mi mi____

() sol/do' do' do' do' re' re' re' re'
() mi/ mi mi mi mi fa fa fa fa

mi' mi' mi' mi' sol'__ fa' mi' fa' mi'_ re' re'
sol sol sol sol si♭__ si♭ si♭ si♭ la__ la la

() la/ do' do' do' la si si si la
() fa/ fa fa fa fa sol sol sol sol

do' do' do' la si si si mi' re'_ do' do'___
fa fa fa fa sol sol sol sol fa_ mi mi __

(canvi de to → INSTRUMENTAL llarg)

* () la/ do' do' do' do' re' re' re' re'
() la / la ________ la________
() la/ fa ________ fa________

mi' mi' mi' mi' fa' fa' mi' do'
do'________ la__________
la__________ fa__________

re' re' fa' mi'____ (()sol do' si♭ sol do')
si♭ ______________
fa______________

() sol/ do' do' do' do' re' re' re' re'
() sol/ sol______________
() sol/ mi ______________

mi' mi' mi' mi' fa' fa' mi' do'
si♭______________
sol ______________

re' re' mi' re' (() mi' do' la re')
la_________
fa_________

() do fa fa fa fa sol sol sol sol
la la la la do'_ si♭ la si♭ la_ sol sol
() re/ fa fa fa re mi mi mi re
fa fa fa re mi mi mi la sol__ fa fa (2a Coda)

SOLISTA
() do fa fa fa fa sol sol sol sol
la la la la do'_ si♭ la si♭ la_ sol sol
() re sol sol sol sol la la la la
si si si si re' re' re' mi' re'__ do' do' a la *

Coda
()la sol_ fa fa__
()la sol_ fa fa__

Something Stupid

C. C. Parks

4. L'àmbit d'una melodia

Hi ha melodies que tenen un àmbit molt estret: la nota més greu i la més aguda no estan a gaire distància, com en el tema *O Fortuna* que has escoltat en aquesta unitat.

Hi ha melodies que són molt amples: de la nota més greu a la més aguda hi ha una gran distància.

Activitats

8. Àmbit melòdic ample

A06 «*O mio babbino caro*». *Gianni Schicchi*. G. PUCCINI

Aquesta ària la canta una noia enamorada. Li diu al seu pare que faci tots els possibles perquè no hi hagi problemes amb la família del noi que estima i així s'hi pugui casar sense res en contra.

A les paraules *bello* (guapo) i *amassi* (estimés) és quan fa el salt melòdic més gran. Són les paraules que queden més destacades perquè tenen un so agut! Ai… L'amor…

Giacomo Puccini, el compositor.

a) Mira el primer pentagrama de la partitura i encercla la nota més greu i la més aguda.

b) Escoltant l'audició, creus que la veu de la cantant té un registre agut o greu?

c) En quin compàs està escrita aquesta ària?

d) Mira l'armadura: quantes notes bemoll ens diu que hi ha?

e) Escolta l'audició seguint la partitura amb el dit.

V03 «*O mio babbino caro*». *Gianni Schicchi*. G. PUCCINI

f) Mira el vídeo. És una actuació en directe d'una soprano que interpreta el tema en un concert multitudinari a l'aire lliure.

5. Els motius melòdics

El motiu melòdic és una frase curta, composta de diverses figures o notes, que identifiquen una cançó.

Activitats

9. Un motiu d'èxit

A07 *Gran vals*. F. TÀRREGA

a) Llegeix el text.

> El motiu melòdic que va seleccionar Nokia com a so de trucada està extret del popular *Gran vals*, del guitarrista i compositor Francesc Tàrrega, nascut a Vila-real (Castelló) l'any 1852.
>
> És un petit motiu de quatre compassos que forma part de la melodia principal del vals.
>
> Durant molts anys, aquest motiu ha sonat més d'unes 20 000 vegades per segon en els mòbils Nokia arreu del planeta. Ara, ja forma part de la història.
>
> La melodia que Nokia reclama com a so registrat va ser el primer to musical identificable en un telèfon mòbil.

b) Escolta com toca el motiu el teu professor o professora.

c) Escolta l'audició seguint la partitura i aixeca la mà quan estigui a punt de sonar el motiu.

V04 *Gran vals*. F. TÀRREGA

d) Mira el vídeo i veuràs com un guitarrista interpreta el vals.

e) Podeu fer una escena de broma ballant el vals i jugant amb el mòbil.

6. Els sons musicals

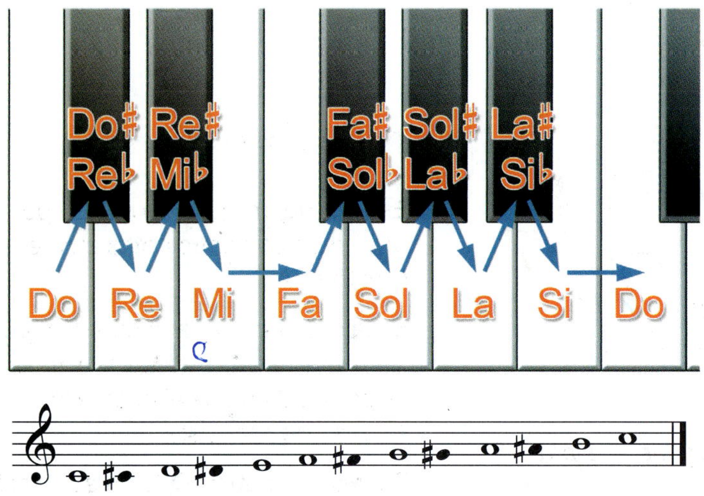

Per compondre melodies disposem de 12 sons que són els que hi ha entre una nota i la del mateix nom més aguda. Al teclat es veu molt clar!

La distància entre les notes es mesura per tons i semitons.
Hi ha un to quan entre cadascuna de les notes naturals (tecles blanques) n'hi ha una d'alterada (tecles negres).
Entre mi i fa i entre si i do, però, hi ha un semitò directament.

Notes naturals
Les notes naturals són les que no tenen cap signe d'alteració a darrere.

Notes alterades
Les notes alterades són les que tenen un sostingut o un bemoll davant la nota.
El sostingut fa pujar l'afinació, el bemoll l'abaixa.

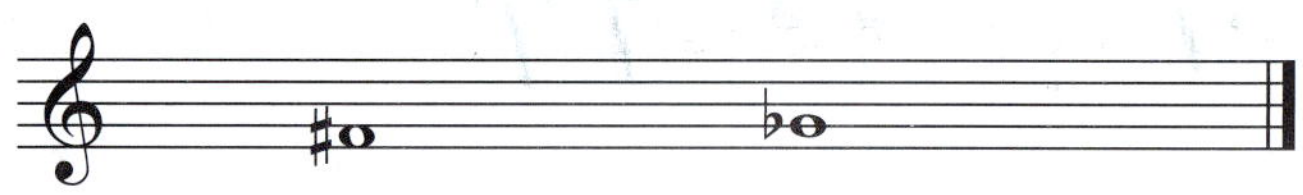

Un fa apujat és el mateix que un sol abaixat.

Les **alteracions accidentals**
És una alteració només per a aquella nota.

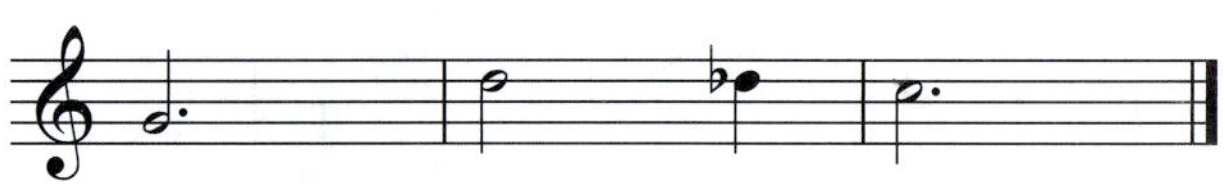

L'**armadura**
Són les alteracions que es posen al principi i afecten tota la peça musical.

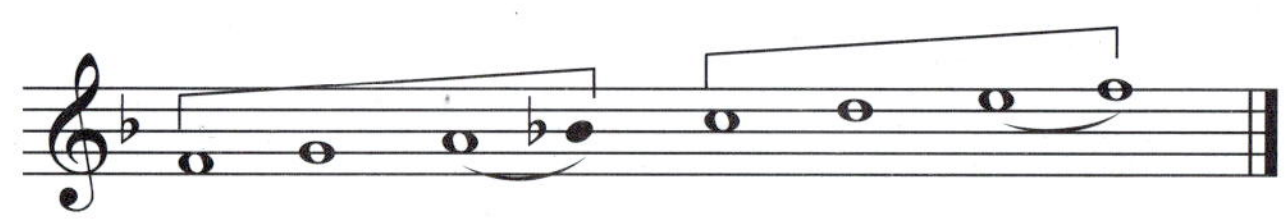

Activitats

10. Els sons musicals al teclat

a) Observa el teclat i digues tres notes que siguin naturals.

b) Ara digues-ne tres d'alterades.

c) Si els sostinguts apugen l'altura d'una nota i els bemolls l'abaixen, el la # és el mateix que quina nota?

d) Toca sis vegades amb la flauta les següents notes naturals i alterades:

re fa # sol si ♭ do #' re'

La flauta no és tan visual com el piano. S'ha d'aprendre la posició de les notes naturals i de les alterades. Recorda que hi ha un esquema al final del llibre.

7. Les escales musicals

L'escala

Què és?
Una escala és la successió de **sons** ordenats segons una distribució de tons i semitons establerta.

Quina és l'escala més usada?
A la cultura occidental és l'escala major. Gairebé totes les cançons estan compostes amb aquesta escala.

Recorda que els sons que formen la línia melòdica provenen d'una **escala**.

Quina importància té?
L'escala és com la paleta de colors d'un pintor.

A l'escala hi ha els sons que farà servir el compositor.

Tipus d'escales:

Escala major → Està formada per dos grups de quatre notes amb el semitò al final.

Escala menor → També té dos grups de quatre notes, però els semitons estan posats d'una altra manera. Això fa que soni trista.

Escala cromàtica → És la successió de tots els sons: els naturals i els alterats.

Escala pentatònica → Només té cinc sons. Identifica la música xinesa i escales de guitarra de rock.

El que caracteritza la sonoritat d'una escala major o menor és la col·locació dels semitons.

Activitats

11. Reconeix l'escala

A08 *Escales i melodies. Mix*

a) Escolta primer com sona cadascuna de les escales.

Escala major

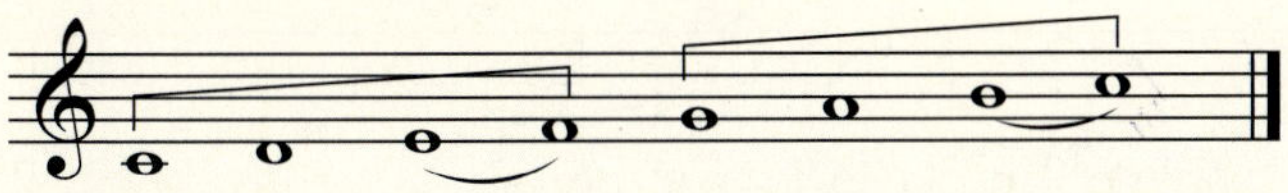

Escala menor

Escala cromàtica

Escala pentatònica

b) Escolta després les quatre melodies de la segona part de l'audició i digues en quina escala estan compostes.

12. Cançó composta en una escala major

A09 *Moon River*. H. Mancini

Henry Mancini (1924-1994) va ser un gran compositor de música per a pel·lícules. Serà recordat sempre per la música de *La Pantera Rosa* i pel tema *Moon River* del film *Esmorzar amb diamants*. Va estar nominat a l'Oscar en set ocasions, i el va obtenir per la cançó que tocareu.

a) Observa la melodia de la cançó i digues quina és la nota més greu i la més aguda. Mira la col·lecció de notes que pot tenir aquesta cançó. Són les notes de l'escala de Do Major. Vés-les marcant mirant la partitura següent. Hi surten totes?

b) Hi ha alguna alteració accidental o a l'armadura?

c) Toca-la seguint les indicacions per a la interpretació.
Instrumentació: flautes o teclats. Percussió lleugera per marcar la segona i la tercera pulsació del compàs.

d) Estudia bé l'estructura:

Intro	A	A'	A	A'
(4 compassos)	(tots)	(tots)	(solistes)	(tots)

A
sol__ /re' do'_ /si_ la sol fa/ sol_ do/
si_ la sol fa/ sol_ do/ re (5)_____mi
do__/ sol mi_ re/ do__/ sol mi_ re/
do mi sol/ do' si_ la/ si la_ sol/ la___
A'
sol__ /re' do'_ /si_ la sol fa/ sol_ do/
si_ la sol fa/ sol_ do/ re (5)_____mi
do__ / mi__sol/ do'__/ re'_do'/
sol___/ ()do si la sol fa/ sol__/ ()do si la sol fa/
sol__/ do__/ fa re (4) mi/ do___

Moon River

H. Mancini

13. Cançó composta en una escala menor

A10 *Vem kan segla.* Tradicional escandinava

a) Llegeix el text sobre la cançó.

Escandinàvia comprèn els països de més al nord d'Europa: Suècia, Noruega, Dinamarca, Finlàndia i Islàndia.
El folklore escandinau és ric en llegendes que parlen d'éssers fantàstics. Tolkien s'hi va inspirar per escriure llibres com *El senyor dels anells*.
La duresa del clima i la llargada extrema de la nit a l'hivern fan que la seva música tradicional tingui un toc de tristesa i solitud. En aquest tema és el noi estimat qui marxa lluny i la noia es queda sola.
Les cançons tristes solen estar escrites en tonalitat menor.

b) Observa la partitura, té armadura? Té sostinguts o bemolls?

c) Observa l'escala en què està composta, és l'escala de mi menor. Surten totes les notes a la primera veu de la cançó? Vés-les marcant a mesura que les trobis a la melodia.

d) Llegeix les indicacions per a la interpretació i toca-la i/o canta-la amb els teus companys i companyes.
- És una cançó molt melòdica, que consta de dues frases, la segona repetida.
- Instrumentació: flautes, teclats, plaques i veus. Es pot fer a quatre veus.
- Es pot aprofitar la tercera veu per fer la melodia d'una de les estrofes. Donarà varietat.

e) Mira el suggeriment d'arranjament:

Intro	Estrofa 1			Estrofa 2			Estrofa 3		
4 compassos	A	B1	B2	A	B1	B2	A	B1	B2
	tots			solistes		tots	tots		

A
mi mi sol fa# mi/ si si si__
mi mi sol fa# mi/ mi mi mi_

do' do' mi' re' do/ si__ si__
mi mi mi mi mi/ mi__ mi__

B1
la la do' si la / sol sol mi__
mi mi fa# fa# fa#/ mi mi mi_

fa# fa# fa# si re#/ mi__ mi__
do do do re# re#/ mi__ mi__

B2
la la do' si la/ sol sol mi__
mi mi fa# fa# fa#/ mi mi mi_

fa# fa# fa# si re#/ mi__ mi__
do do do re# re#/ mi__ mi__

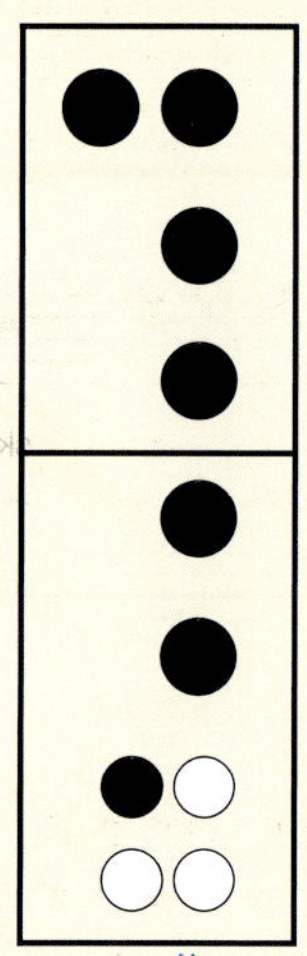

re#

Vem kan segla

Tradicional escandinava

A la melodia original la nota si de la 1a veu és greu, però aquí està en registre agut perquè pugui ser tocada amb la flauta. L'enregistrament ja interpreta la nota greu.

Resum de la unitat

La melodia i la línia melòdica

La **melodia** és l'element de la música més característic, és el que recordem més. A vegades no ens la podem treure del cap, l'escoltem per dins. Les persones tenim audició interior.

Una melodia es pot classificar segons:

- El **disseny** → És la forma de la línia melòdica.
- El **registre** → És l'altura en la qual es mou la línia melòdica. Pot ser una melodia més greu o més aguda.
- L'**àmbit** → És la distància entre el so més greu i el més agut.
- L'**estructura** → És la manera com s'organitza la melodia en motius i frases.

Els sons de la melodia

Una melodia és la successió de **sons** de diferents **altures** que expressen una **idea musical**.

La successió de sons forma la **línia melòdica** del tema musical.

Per compondre melodies disposem de 12 sons que són els que hi ha entre una nota i la del mateix nom més aguda.

La distància entre les notes es mesura per tons i semitons.

En una melodia hi ha:

- **Notes naturals**

Les notes naturals són les que no tenen cap signe d'alteració a darrere.

- **Notes alterades**

Les notes alterades són les que tenen un sostingut o un bemoll a davant de la nota.

El sostingut apuja l'afinació, el bemoll l'abaixa.

Les alteracions accidentals només afecten unes notes en concret.

- **Armadura**

Són les alteracions que es posen al principi i afecten tota la peça musical.

L'escala musical

Els sons que formen la línia melòdica provenen d'una escala.

Una escala és la successió de **sons** ordenats segons una distribució de tons i semitons establerta.

L'escala és com la paleta de colors d'un pintor. A l'escala hi ha els sons que farà servir el compositor per a una determinada cançó.

A la cultura occidental l'escala més usada és l'escala major. Gairebé totes les cançons estan compostes amb aquesta escala.

Tipus d'escales:

- Escala **major** → Formada per dos grups de quatre notes amb el semitò al final.
- Escala **menor** → Té els semitons posats d'una manera que fa que soni trista.
- Escala **cromàtica** → És la successió de tots els sons, els naturals i els alterats.
- Escala **pentatònica** → Només té cinc sons. Identifica la música xinesa i certa música rock.

El blog de la MaRtiNa

Avui vinc inspirada!

Acabo d'escoltar una melodia que m'encanta. Feia dies que la tenia al cap i no tenia ni idea d'on l'havia sentida, ni quan... ni res!

He hagut de xiular-la al guitarrista del grup, que és un noi que sembla que ho hagi escoltat tot i que ho sàpiga tot de músiques i de músics!

Es passa el dia amb els auriculars posats. I no fa com aquella gent que escolta sempre el mateix, noooo! Ell investiga contínuament noves músiques. És el meu conseller musical!

Total, que m'ha dit que el que jo li xiulava era una melodia de Grieg.

Ostres, i tant!

Després m'ha vingut tot al cap...

Fa dos estius vam anar amb els pares i els avis a Noruega. És un país preciós on hi ha unes muntanyotes que arriben fins al mar, amb salts d'aigua, molts boscos i moooolta boira! Un dia vam anar amb l'autocar a la casa de Grieg, a una ciutat que es diu Bergen. La meva família estava emocionada. Tots són músics, i veure la casa d'un gran músic sempre els agrada (aquest és el dibuix de la casa de Grieg que vaig fer).

El conductor de l'autocar ens va posar aquesta música i la melodia em va quedar gravada al cap.

Es diu *El matí* i representa la sortida del sol, que amb tanta boira semblava impossible que sortís!

Us deixo l'audició i un trosset de la partitura de la melodia... Potser tampoc no us la podreu treure del cap... Ha, ha!

A11 *«El matí». Peer Gynt Suites.* E. GRIEG

Competència artística i cultural

a) Observa la melodia a la partitura d'aquesta composició. Consideres que té una melodia ondulant o plana?
b) Escolta l'audició i aixeca la mà quan s'acabi la partitura que us ha posat la Martina.
c) Havies sentit mai aquesta melodia?
d) Al principi se senten principalment instruments solistes o toca tota l'orquestra?

Competència en el coneixement i la interacció amb el món físic

a) Amb quin país té una llarga frontera Noruega?
b) Abans has tocat la cançó *Vem kan segla förutand vind*. És de la mateixa zona d'Europa?
c) Com és el clima de Noruega, assolellat o boirós?

Competència per aprendre a aprendre

a) Per què creus que el guitarrista, a qui demana ajuda la Martina, té una cultura musical tan gran?
b) Escoltes música variada o sempre escoltes la mateixa?

Competència d'autonomia i iniciativa personal

a) A qui demanaries ajuda si tens una melodia al cap i no saps quina és?
b) Busca a Internet una biografia de Grieg i digues tres coses que creguis importants.

Competència matemàtica i artística

a) Mira la nota més greu i la més aguda de la partitura. Quantes notes hi ha entre l'una i l'altra?
b) La Martina s'ha descuidat de posar el compàs a la partitura. Mira el ritme i digues en quin compàs està escrita.

La melodia no sol anar sola. Des de fa centenars d'anys es busquen diferents maneres de poder-la acompanyar.

En aquesta unitat veurem com s'acompanyen les cançons, quins instruments solen ser acompanyants i com el compositor organitza el ritme, la melodia i l'acompanyament dins d'una cançó.

UNITAT 5

L'harmonia i l'acompanyament

1. L'harmonia

Què és? → L'harmonia és el conjunt de notes que acompanyen la melodia.

Per què és important per a la música? → L'harmonia és important per a la música perquè el compositor pensa les seves obres amb la melodia i l'acompanyament.

- L'acompanyament harmònic enriqueix la cançó, la melodia sola quedaria pobra.
- L'acompanyament harmònic el pot fer un instrument harmònic com la guitarra o el piano o diversos instruments o veus tocant o cantant alhora.

On i com s'indica? → L'harmonia s'indica amb les notes que acompanyen la melodia:

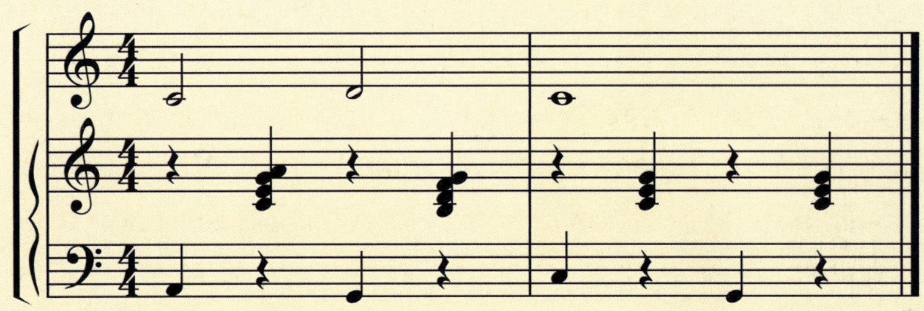

i amb el xifrat d'acords:

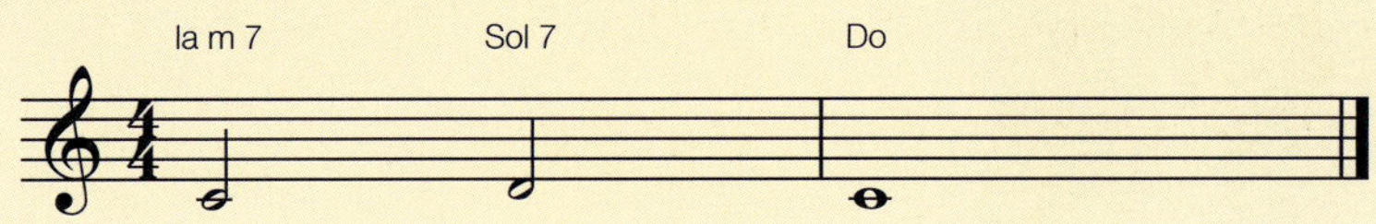

Activitats

1. Melodia i harmonia

A01 *Veus búlgares.* Tradicional

a) Escolta aquestes veus. Aixeca la mà quan sentis harmonia, és a dir, quan se sentin dues o més veus diferents de la melodia, i abaixa-la quan cantin a una veu, encara que sentis moltes veus cantant les mateixes notes.

Recorda!
Si totes les veus canten les mateixes notes és una melodia.
Si les veus canten notes diferents fan harmonia.

b) Són veus femenines, masculines o és un cor mixt?

c) Hi ha algun acompanyament instrumental?

2. L'acompanyament

L'acompanyament és la successió d'acords que acompanyen la melodia.

Activitats

2. Melodia i acompanyament

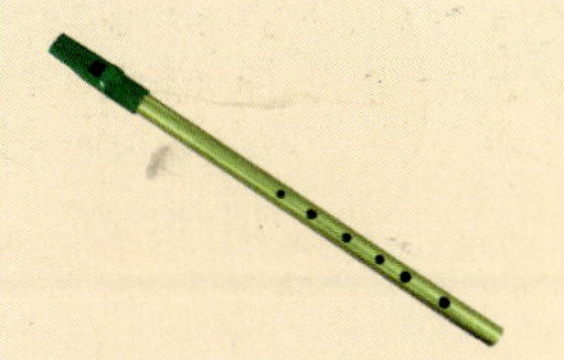
La flauta irlandesa és un instrument melòdic. És molt semblant a la flauta de bec que tu toques.

A02 *Women of Ireland*. J. Madden

a) Escolta l'audició. La intèrpret de la melodia està considerada la millor flauta irlandesa del món. Què se sent més, la melodia de la flauta o l'acompanyament?

b) Escolta l'audició fixant-te en la melodia i en l'acompanyament. Digues quina de les tres frases defineix millor la durada del so de la melodia i de l'acompanyament en aquesta composició.

- ☐ La melodia que fa la flauta combina notes llargues i curtes i l'acompanyament fa notes llargues.
  → Després apareix un acompanyament de guitarra amb notes llargues.
- ☐ La melodia que fa la flauta combina notes llargues i curtes i l'acompanyament fa notes llargues.
  → Després apareix un acompanyament de guitarra amb notes més curtes.
- ☐ La melodia que fa la flauta està composta amb notes llargues i l'acompanyament fa notes curtes.
  → Després la guitarra fa un acompanyament amb notes curtes.

V01 Vídeo: *Women of Ireland*. J. Madden

c) Mira el vídeo i observa com toca la melodia la flautista.

d) Quin acompanyament falta si compares el vídeo amb l'audició anterior?

3. Qui acompanya la melodia?

A03 *Barreja d'acompanyaments*. Popular

a) Escolta els quatre fragments musicals i assenyala a quin correspon cada definició.

Fragment 1	Melodia acompanyada de guitarra
Fragment 2	Melodia acompanyada de piano
Fragment 3	Melodia acompanyada d'orquestra
Fragment 4	Melodia acompanyada per altres veus

V02 Vídeo 2: *Homeless Live*. Ladysmith Black Mambazo

b) Mira el joc de veus del solista i el cor que acompanya fent l'harmonia.

V03 Vídeo 3: *Badinerie*. J. S. Bach

c) Observa la solista que fa la melodia i l'orquestra que l'acompanya.

3. La guitarra com a instrument acompanyant

Els dos instruments que acostumen a acompanyar la melodia són la guitarra i el piano.

Puc acompanyar amb acords rascant totes les cordes ràpidament o fer les notes separades corda per corda, arpegiant.

Activitats

4. Guitarra acompanyant

A04 *Dust in the Wind*. KANSAS

a) En aquesta audició, el guitarrista toca totes les notes rascant o se sent corda per corda?

b) Segueix la lletra i assenyala amb les inicials on hi ha diferents tipus d'acompanyament:

A Guitarra sola
B Veu i guitarra arpegiada
C Dues veus i guitarra arpegiada
D Veu, cors i guitarra arpegiada
E Joc de violins i guitarra arpegiada

Introducció
I close my eyes,
only for a moment
and the moment's gone.
All my dreams,
pass before my eyes,
that curiosity.

Dust in the wind,
all they are is dust in the wind.

Same old song,
just a drop of water
in an endless sea.
All we do,
crumbles to the ground,
though we refuse to see.

Dust in the wind,
all we are is dust in the wind.
Oh...

Instrumental

4. L'arranjament musical

L'arranjament és com s'organitzen les diferents melodies i l'acompanyament d'una composició o cançó, tant el rítmic com l'harmònic. També marca els instruments que faran cada melodia o acompanyament.

Activitats

5. L'arranjament instrumental

A05 *Imagine*. J. LENNON

a) Escolta la cançó i digues quin és l'instrument que acompanya la cançó des del principi.

GUITARRA PIANO

b) Quins instruments que acompanyen apareixen després?

INSTRUMENTS DE CORDA BAIX I BATERIA INSTRUMENTS DE METALL

c) Quins instruments que acompanyen apareixen després dels anteriors?

INSTRUMENTS DE CORDA BAIX I BATERIA INSTRUMENTS DE METALL

d) Quins elements no se senten a l'acompanyament de la cançó?

INSTRUMENTS DE CORDA BAIX I BATERIA INSTRUMENTS DE METALL

6. El karaoke

a) Què és un karaoke?

b) Busca un vídeo per cantar la cançó *Imagine* amb karaoke. Veuràs que com que és un tema tan conegut hi ha diferents versions.

c) Escull el vídeo que més t'agradi. N'hi ha amb acompanyament de piano sol i d'altres amb més arranjaments.

d) Canta la cançó juntament amb els teus companys i companyes.

7. Fes un arranjament

A06 *Sammy Dead Oh*. Popular

a) Observa la partitura. Hi ha tres línies melòdiques i dues d'acompanyament. En l'acompanyament hi ha el xifrat, els acords i el baix.

b) Estudieu les tres melodies a classe i assegureu que les interpreteu correctament.

c) Formeu grups i penseu un arranjament considerant les tres melodies que podeu fer servir. Cal tenir en compte que hi ha cinc rodes enregistrades.

d) Podeu acompanyar-la amb percussió: el timbal fa TA UN TA UN i el plat UN TI TI UN TA. També podeu fer en alguna roda o mitja roda del ritme de la cançó amb percussió corporal: picant de mans o picant les cames.

Melodia 1

A

mi sol do' do' do' si la sol fa mi sol __

mi sol do' do' do' si la sol fa mi sol __

B

mi re do/ fa mi re/ mi fa sol mi __

mi re do/ fa mi re/ mi fa sol mi __

Melodia 2

A

do mi sol la sol fa mi re do mi __

do mi sol la sol fa mi re do mi __

B

do' si la/ re' do' si/ do' re' mi' do' __

do' si la/ re' do' si/ do' re' mi' do' __

Melodia 3

A

sol_ fa_ mi () sol do'

sol_ fa_ mi () sol do'

B

la_ si_ do' () sol do'

la_ si_ do' () sol do'

Sammy Dead Oh

Popular

5. Els acords

Què és un acord? → Un acord és un conjunt organitzat de notes que acompanyen la melodia.

Quines notes formen un acord? → Sobre la nota més greu s'hi van sumant notes alternades. Una sí, una no.

Quins són els acords més importants? → Els acords més importants són els que es construeixen sobre el primer grau de l'escala, sobre el quart i sobre el cinquè.

Com s'acompanyen les cançons amb acords? → Les cançons s'acompanyen enllaçant els acords, un darrere l'altre.

A vegades es toca tot l'acord alhora, que aleshores s'anomena placat, i a vegades es desplega fent un arpegi.

Acord Fa placat

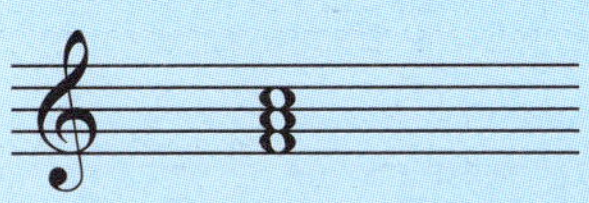

Acord Fa arpegi

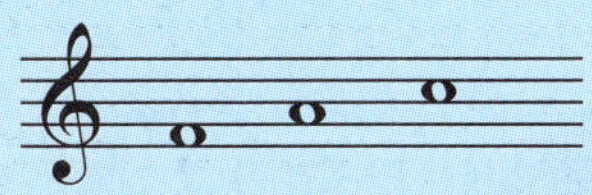

Activitats

8. L'acord placat i l'arpegi

A07 *Dona, Dona...* Popular d'Israel

a) Escolta l'audició i assenyala el requadre que toqui quan sentis cada tipus d'acompanyament.

ACOMPANYAMENT AMB ACORDS PLACATS	ACOMPANYAMENT AMB ACORDS ARPEGIATS

6. Combinat d'acords

Els compositors poden escriure temes amb molts acords d'acompanyament o amb molt pocs.

La música popular s'acompanya amb dos o tres acords, és el mínim.

Activitats

9. Tres acords bàsics

A08 *Batman*. N. Hefti

a) Escolta l'audició i aixeca la mà quan sentis que, una vegada comença el tema, l'acompanyament va canviant d'acord.

b) Torna-la a escoltar i segueix el musicograma amb els canvis dels tres acords que acompanyen la cançó. Aquests acords són l'I, el IV i el V.

Intro de 7 compassos amb l'acord I			
I (Batman)	I	I (Batman)	I
IV (Batman)	IV	I (Batman)	I
V (Batman)	IV (Batman)	I (Batman)	I
V (Batman)	IV (Batman)	I (Batman)	I
Coda			

10. Una cançó amb dos acords

A09 *La bella Lola*. Havanera popular

a) Observa el xifrat dels acords de la partitura. Quins dos acords hi ha?

b) Interpreta aquesta havanera amb l'acompanyament. Feu les dues veus a la tornada.

Introducció

Tornada

() sol do' si re'____ do' si la sol_____
() mi la sol si_____ la sol fa mi_____

() sol la sol sol fa mi fa sol si si la sol la sol___
() mi fa mi mi re do# re mi sol sol fa mi fa mi___

() sol do' si re'_____ do' si la sol_____
() mi la sol si_____ la sol fa mi_____

() sol la sol sol fa mi fa sol si la sol (la fa mi___)
() mi fa mi mi re do# re mi sol fa mi (fa re do___)

Estrofa

() do do mi sol fa# sol la sol sol mi___
() do do mi sol fa# sol la sol si___
() si si do' re' re' do' si la la sol
() sol sol la si la_ sol la fa mi___

Final

si re' do'___
sol si sol___

Intro	(Tornada i estrofa) x2	Tornada amb final

c) Mira el suggeriment d'arranjament.

Intro	Tornada	Estrofa 1	Tornada	Estrofa 2	Tornada
	Tots	Tots	Tots	Solistes	Tots
	2 veus	1 veu	2 veus	1 veu	2 veus

La bella Lola

Popular

11. Qui acompanya qui?

V04 Vídeo: «Tercer moviment». *Simfonia núm. 1*. G. MAHLER

En els cànons totes les veus s'acompanyen entre si. Formen harmonia entre elles.

a) Estudia la melodia del cànon. És una cançó infantil, però en la versió trista que va escriure el compositor. Està en mode menor.

Frère Jacques. Versió de G. Mahler

Re mi fa mi re x2
Fa sol la_ x2
La sib la sol fa mi re x2
Re la re_ x2

Xilòfon o Metal·lòfon

b) Observa en el dibuix com evoluciona un cànon, com es sobreposen les veus fent harmonia.

c) Segueix el musicograma amb les entrades dels diferents instruments. Fixa't que hi ha un instrument que fa una altra melodia.

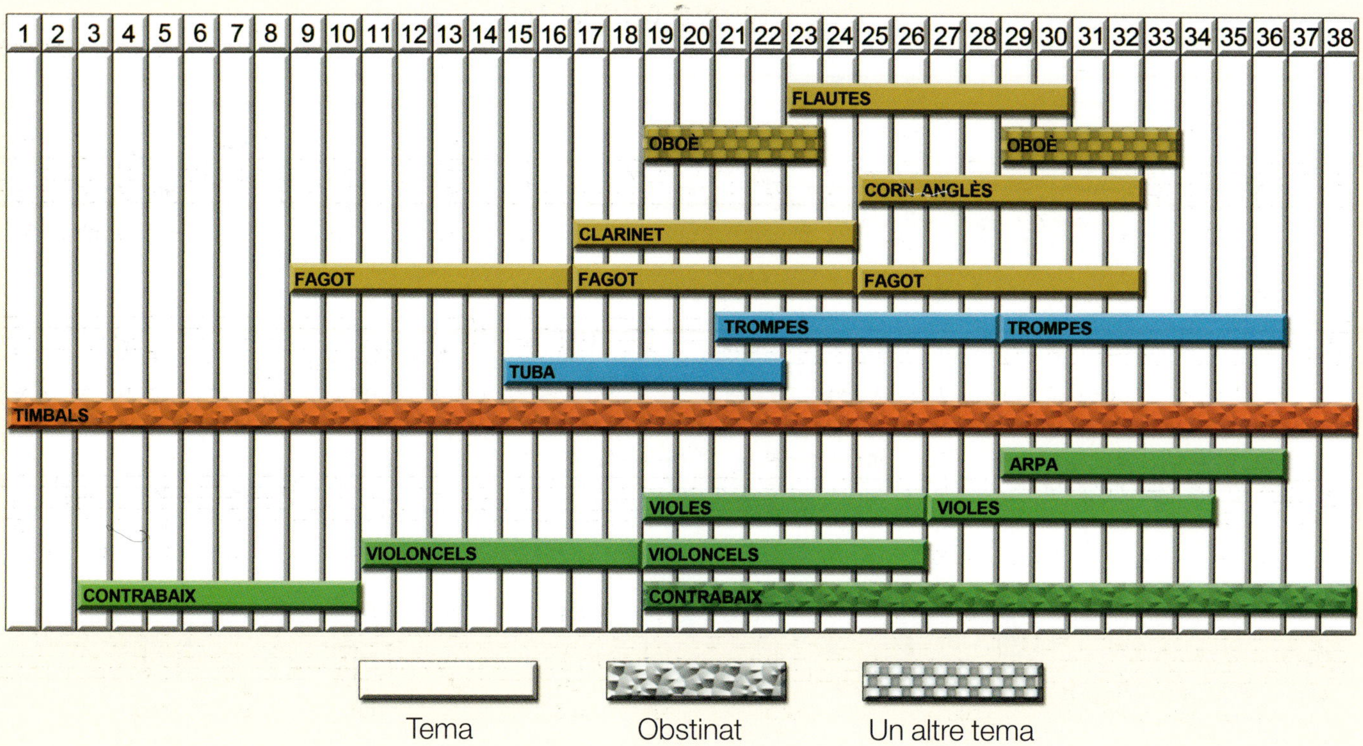

12. Tria un cànon

A10 *Babylon*. P. HAYES

a) Aquí tens dos cànons per tocar. Són a tres veus. Escolta els enregistraments. Hi ha 3 rodes gravades.

b) Estudia bé la melodia de cadascun abans de fer el cànon.

Babylon

P. Hayes

A11 *O dolces campanes*. Popular holandesa

O dolces campanes

Popular holandesa

Resum de la unitat

L'harmonia

L'harmonia és el conjunt de notes que acompanyen la melodia.

L'harmonia és important per a la música perquè el compositor pensa les seves obres amb la melodia i l'acompanyament.

- L'acompanyament harmònic enriqueix la cançó, la melodia sola quedaria pobra.
- L'acompanyament harmònic el pot fer un instrument harmònic, com la guitarra o el piano, o diversos instruments o veus tocant o cantant alhora.

L'harmonia es fa:

- Amb les notes que acompanyen la melodia.
- Amb el xifrat d'acords.

Hi ha instruments que solen ser acompanyants, com la guitarra o el piano.

La guitarra pot acompanyar amb acords rascant totes les cordes ràpidament o fer les notes separades corda per corda, arpegiant.

L'acord

Un acord és un conjunt organitzat de notes que acompanyen la melodia.

Els acords més importants són els que es construeixen sobre el primer grau de l'escala, sobre el quart i sobre el cinquè. Do, Fa i Sol en l'escala de Do Major.

A vegades es toca tot l'acord alhora, que aleshores es diu placat, i a vegades es desplega fent un arpegi.

Acord Fa placat

Acord Fa arpegiat

Els compositors poden escriure temes amb molts acords d'acompanyament o amb molt pocs.

La música popular s'acompanya amb dos o tres acords.

En els cànons totes les veus s'acompanyen entre si, formen harmonia entre elles. Verticalment formen acords.

L'arranjament

L'arranjament és l'organització de les diferents melodies i acompanyament d'una composició o cançó, tant rítmica com harmònica. També marca els instruments que faran cada melodia o acompanyament.

El blog de la Martina

Sabeu... cada vegada m'agrada més el guitarrista, en Toni. Té un coco... bufff!

Avui, a l'assaig del grup, m'ha sentit que xiulava la melodia d'un cànon que hem fet a l'insti, a la classe de música. Hem tocat el cànon amb flautes i sonava superbé! Quan se sentien les tres veus juntes era espectacular... com un edifici de sons que es persegueixen!

Doncs això... que xiulava la melodia del cànon i en Toni s'ha posat a acompanyar-la amb la guitarra! Com si res...

M'al·lucina la facilitat que té per trobar els acords que acompanyen les cançons. Jo estic més acostumada a llegir les partitures, a tocar el que està escrit, la melodia i l'acompanyament, i també em sona molt bé, però això de treure els acords de les cançons em costa.

Ell diu que ho trobo difícil perquè no practico; que ell, mentre acompanya cançons, es va fixant en els acords i en els que solen anar seguits en un acompanyament. Diu que prova primer amb els acords bàsics I, IV i V (com els del Batman) i després en va posant més... S'hi passa hores!

Em sembla que ens admirem mútuament: ell m'admira la velocitat amb què llegeixo partitures i ell m'al·lucina per com acompanya les cançons sense la partitura!

Per millorar tots dos, ell diu que s'apuntarà a una escola de música moderna per aprendre harmonia: conèixer més acords i aprendre a enllaçar-los, i jo practicaré això de treure els acords de les cançons sense esperar la partitura...

Torno al cànon! És fantàstic com l'ésser humà ha anat inventant maneres que se sentin diversos sons alhora i que sonin bé. Es veu que fins al segle XIV el resultat era bastant penós!

Aquest cànon que hem tocat a l'insti es diu *Babylon* i és de l'any 1750 aproximadament, de l'època de Mozart i de les perruques blanques!

El guitarrista ha proposat fer-ne una versió més rockera perquè aquesta baixada d'acords és molt típica. Jo no ho veia clar... però entre tots hem fet un arranjament!

La guitarra fa vuit compassos d'intro amb els acords del tema que són descendents: Re, Do, Si ♭ i La dues vegades; a la segona entren el baix i la bateria. Jo entro amb el teclat fent la melodia del cànon mentre els altres acompanyen i quan acabo comencem amb el guitarra un cànon a dues veus. Sembla que ens perseguim... ha, ha, ha. Quan acabem, jo em quedo tocant la baixada d'acords amb el teclat i ell improvisa... I ara som aquí... Al proper assaig ja hi anirem donant forma.

M'agrada molt tocar al grup, em fa ser més creativa i pensar la música col·lectivament!

Competència artística i cultural

a) A quantes veus és el cànon que han tocat a l'institut?
b) Quants acords té el cànon?
c) Quin acord del cànon comença amb una nota alterada?
d) Quins acords són els bàsics per acompanyar una cançó: I-IV-V o IV-VI?
e) Si l'acord de Do Major (I) és do mi sol, quines notes té l'acord de Fa (IV)? I el de Sol (V)?
f) Quin tema has escoltat a la unitat que tingui aquests tres acords bàsics?

Competència en comunicació lingüística

a) Què admira el guitarrista de la Martina?
b) Què admira la Martina del guitarrista?
c) Fins quin segle no va començar a sonar bé això de tocar o cantar diferents notes alhora?

Competència matemàtica

a) L'any 1750, que és quan es va compondre aquest cànon, és el segle XV?

Competència per aprendre a aprendre i competència d'autonomia i iniciativa personal

a) Quin aspecte de la música diu la Martina que li costa? Què pensa fer per millorar?
b) Com aprèn en Toni a tocar la guitarra, pel seu compte o sempre ha anat a una escola de música?

El so que s'escolta directament de l'instrument és el so acústic.

És molt bonic escoltar el so dels instruments en directe perquè es pot apreciar tot el seu color.

Hi ha instruments que són més coneguts i els toca molta gent; també n'hi ha que són més minoritaris.

Com ja has experimentat amb la flauta, per tocar un instrument es necessita practicar per poder anar automatitzant les posicions, cal anar acostumant els músculs de la mà a uns determinats moviments.

UNITAT 6

El so acústic

1. Els instruments acústics

Què són els instruments acústics?

Els instruments acústics són uns objectes dissenyats perquè sonin quan se'ls aplica una acció com bufar, rascar, fregar, percudir o pinçar.

Pica les tecles, les tecles piquen els martells i els martells piquen les cordes.

Frega les cordes amb l'arquet.

Bufa l'embocadura.

Com són els instruments acústics?

- Cadascun dels instruments té el seu timbre i la seva sonoritat particular.
- D'instruments n'hi ha de formes molt variades.
- Tots tenen una part que produeix el so quan s'hi aplica una acció.
- Alguns tenen una altra part que l'amplifica, com els de corda o els de percussió de membrana.

Fregant la corda s'aconsegueix el so.

La caixa acústica amplifica el so.

Per què són importants els instruments per a la música?

Els instruments són importants perquè són la *veu de la música*, són els que posen so als diferents elements de la música.

Tant si el so és llarg com si és curt, agut o greu, fort o fluix, etc. sempre fa falta un intèrpret que produeixi el so.

Activitats

1. Com es fa el so?

V01 *Accions sonores. Mix*

a) Mira el vídeo i observa diferents maneres de produir so amb instruments.

b) Ordena les accions que fan els instrumentistes perquè sonin els seus instruments:

PINÇAR PERCUDIR BUFAR RASCAR

2. Qui fa què?

a) Relaciona les accions que s'han de fer per fer sonar l'instrument i els tipus d'instrument.

RASCAR O FREGAR	INSTRUMENTS DE PERCUSSIÓ I PIANO
PINÇAR	INSTRUMENTS DE VENT
PERCUDIR	INSTRUMENTS DE CORDA
BUFAR	ARPA, GUITARRA I INSTRUMENTS DE CORDA

2. L'orquestra simfònica

L'orquestra simfònica és una agrupació de molts músics que té uns resultats espectaculars, ja que té molts timbres diferents, molts colors sonors.

Organització de l'orquestra simfònica

Els instruments s'organitzen en famílies i en una família hi ha els instruments que es toquen d'una determinada manera, als quals s'aplica la mateixa acció perquè sonin.

No tots els instruments que coneixem formen part de l'orquestra simfònica.

A l'orquestra simfònica hi ha:

- **Secció de corda:**
  Violí, viola, violoncel i contrabaix.
  L'arpa és de corda pinçada, però no es considera de la secció de corda.
- **Secció de vent-fusta:**
  Flauta travessera, oboè, clarinet, fagot i a vegades corn anglès.
- **Secció de vent-metall:**
  Trompeta, trompa, trombó i tuba.
- **Secció de percussió:**
  És molt variable. Depenent de la composició hi ha uns instruments o uns altres.
  Hi ha percussió de so determinat: xilòfons, campanes, timbales...
  Hi ha percussió de so indeterminat: bombo, caixa, triangle, gong...

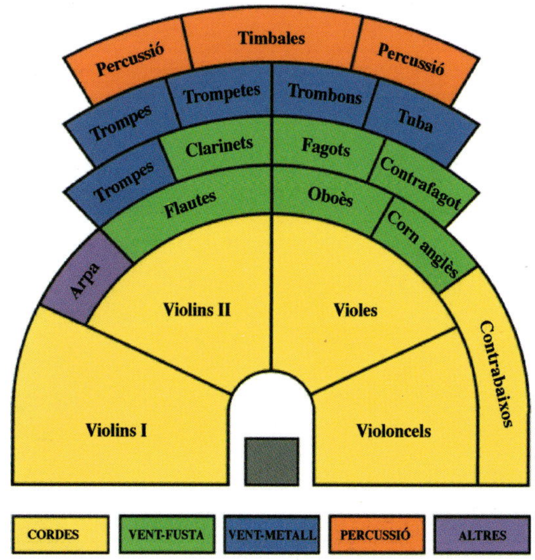

Situació a l'escenari

Les seccions de l'orquestra se situen en un lloc determinat depenent de la seva sonoritat. Si sonen més fluix se situen a davant i si sonen més fort, a darrere.

El **director de l'orquestra** és la persona encarregada d'estudiar la partitura, assajar-la amb els músics i dirigir-la en el concert. Amb la batuta sol marcar el compàs i amb l'altra mà i amb tot el cos, el caràcter que vol donar a la peça musical.

La **partitura d'orquestra** és la que fa el compositor amb totes les notes que han de tocar tots els instruments. La té el director d'orquestra per poder anar seguint la música i donar les entrades als instruments a mesura que van apareixent.

Activitats

3. Una orquestra a l'escenari

V02 *Ruslan i Liudmila*. M. GLINKÀ

a) Mira el vídeo i vés observant què fa cada instrument. És una composició molt rica en sonoritats.

b) Fixa't en les característiques següents:
- La força i el color d'una orquestra simfònica.
- La col·locació dels instruments a l'escenari.
- El paper dels instruments de corda fent de massa, de base, i tocant melodies.
- Els instruments de vent-fusta donant color.
- Els instruments de vent-metall donant força.
- Els instruments de percussió reforçant els instruments de metall, donant ritme i força.

4. La partitura del director

V03 *«Obertura». Ruslan i Liudmila*. M. GLINKA

a) Mira el vídeo i fixa't en el **director**. Veuràs com fa funcionar tota l'orquestra amb els gestos de les mans, del cos i amb la mirada.

b) Observa la **partitura**: és l'inici de l'obertura que has escoltat abans.
A la part superior hi ha els instruments de vent-fusta, a sota, els de vent-metall, a sota, la percussió i a baix, la secció de corda.

c) Escull la resposta adequada sobre els diferents elements de la música que estan reflectits a la partitura.

Intensitat del so:

☐ Tot és molt fort.

☐ Tot és molt fluix.

Ritme:

☐ Cada família instrumental fa un ritme diferent i després tots tenen silencis.

☐ Tots els instruments fan el mateix ritme d'entrada i després uns tenen silencis i els altres toquen corxeres.

Melodia:

☐ La línia melòdica fa notes repetides i té escala ascendent i descendent.

☐ La línia melòdica fa un moviment ondulant i té notes repetides.

Forma:

d) Mira el vídeo. Quantes vegades es repeteix el motiu rítmic de la partitura a l'inici de la peça, tres o quatre?

e) Segueix l'estructura del fragment del vídeo:

Introducció: motiu rítmic i escales ascendents i descendents. x3
Tema A: rítmic i melòdic. Primer toca tota l'orquestra, després se senten instruments separats.
Tema B: motiu més melòdic de corda greu. Després el fa tota l'orquestra.

Desenvolupament amb joc d'instruments i de tant en tant se sent el ritme de l'inici.

Tornada al **TEMA A...**

5. Seccions de l'orquestra

a) Observa l'orquestra simfònica i encercla els instruments de cada família.

b) Quina família és més nombrosa?

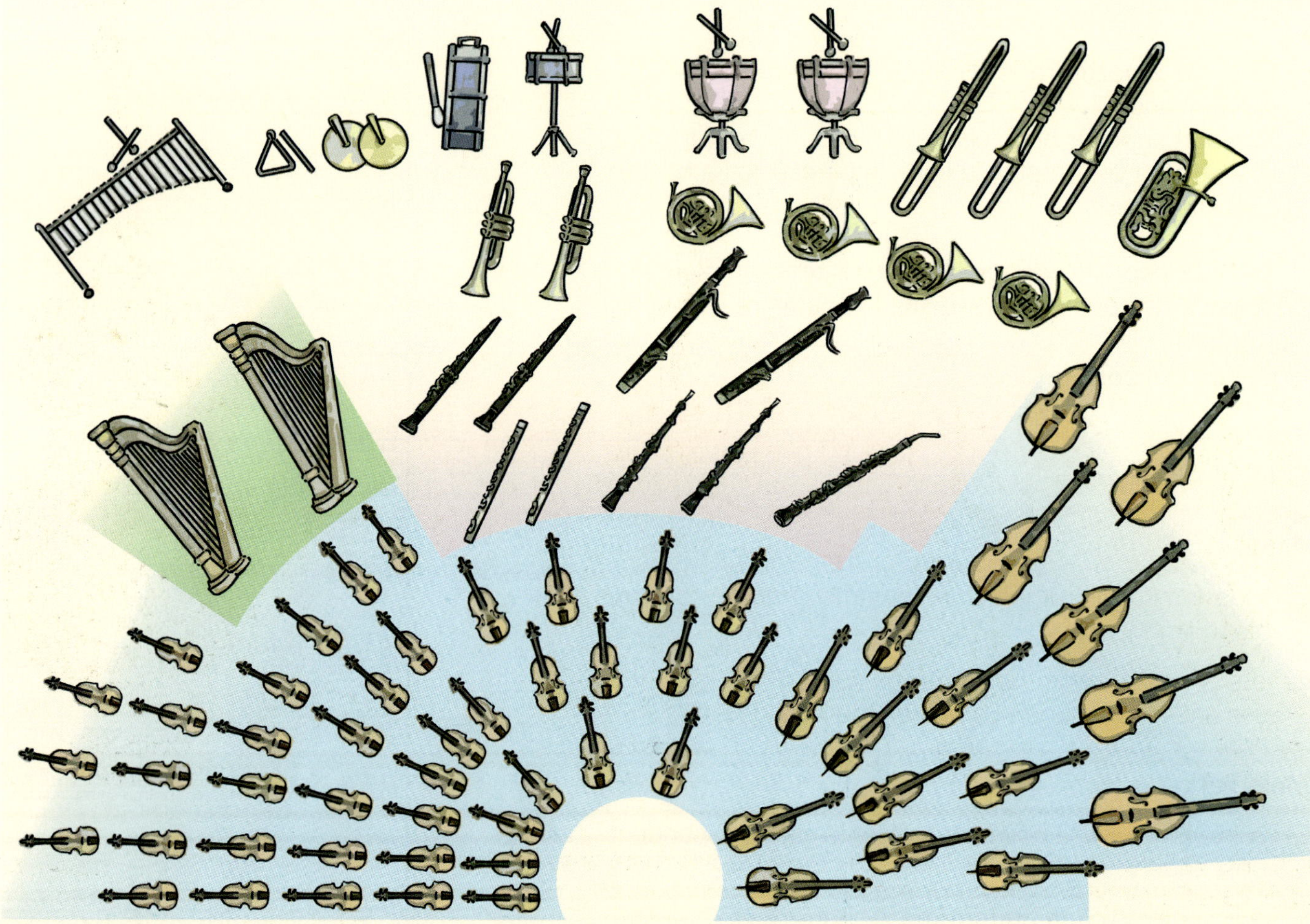

6. Alternança de seccions

V04 *Capriccio italiano*. P. I. Txaikovski

a) Mira el vídeo i aixeca la mà quan creguis que canvia la secció de l'orquestra que fa de solista. Observa com les diferents seccions de l'orquestra es van passant el paper de solista.

1. Solistes de **vent-metall**. Fins al redoblament de percussió i les notes curtes rítmiques.
2. Solistes de **corda**. El vent-metall fa l'acompanyament de notes curtes rítmic i harmònic.
3. Solistes de **vent-fusta**, amb diàlegs entre ells. La corda fa la base harmònica amb notes llargues fins al cop de percussió i dels solistes de metall.

b) Vés dient els instruments que veus al vídeo a mesura que els assenyali el professor o la professora.

3. Els instruments de corda

És la secció més nombrosa de l'orquestra.

El so s'obté mitjançant la vibració de la corda en fregar-la o pinçar-la.

Tots tenen una caixa de ressonància visible. Els més aguts tenen una caixa més petita i els més greus, més gran.

Violí
60 cm

Viola
70 cm

Violoncel
130 cm

Contrabaix
190 cm

Les cordes es freguen amb un arquet que té una vara de fusta amb crins de cavall. Les crins es freguen amb una resina.

La resina fa l'efecte contrari al condicionador de cabells: fa que els pèls s'escamin i es tornin més rasposos.

L'arpa i el piano són instruments que poden fer melodia i acompanyament.
A vegades són a l'orquestra simfònica –l'arpa més que el piano– segons la composició.

Activitats

7. Corda, qui és qui?

V05 *Mix d'instruments de corda*

a) Mira el vídeo i observa com són i com toquen diferents instruments de corda.

b) Digues en quin ordre apareixen els instruments següents:

VIOLÍ VIOLA VIOLONCEL CONTRABAIX

4. Els instruments de vent-fusta

Els instruments de fusta tenen timbres variats perquè tenen diferents embocadures.

Els instruments de vent-fusta donen molt color a l'orquestra, és la seva funció.

La flauta travessera té un bisell. Es bufa indirectament el forat.

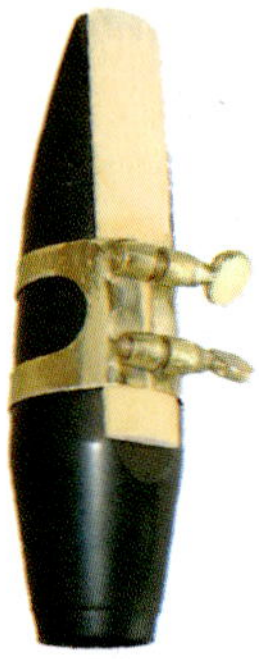

L'oboè, el fagot i el corn anglès tenen dues canyes.

El clarinet i el saxofon tenen una canya que es colla a l'embocadura.

Flauta travessera — Oboè — Clarinet — Fagot

El **corn anglès** és un instrument de doble canya. No sempre està present a l'orquestra. Hi és quan se'l necessita pel seu color. No és tan estrident com l'oboè, ni tan ronc com el fagot.

El **saxofon** també està convidat alguna vegada a sonar juntament amb l'orquestra. Té el mateix tipus d'embocadura que el clarinet.

Activitats

8. Vent-fusta, qui és qui?

V06 *Mix d'instruments de vent-fusta*

a) Mira el vídeo i observa com són i com es toquen diferents instruments de vent-fusta.

b) Digues en quin ordre apareixen els instruments següents:

FLAUTA OBOÈ CLARINET FAGOT CORN ANGLÈS

9. L'instrument de vent-fusta solista

V07 *Concert per a oboè*. B. MARCELLO

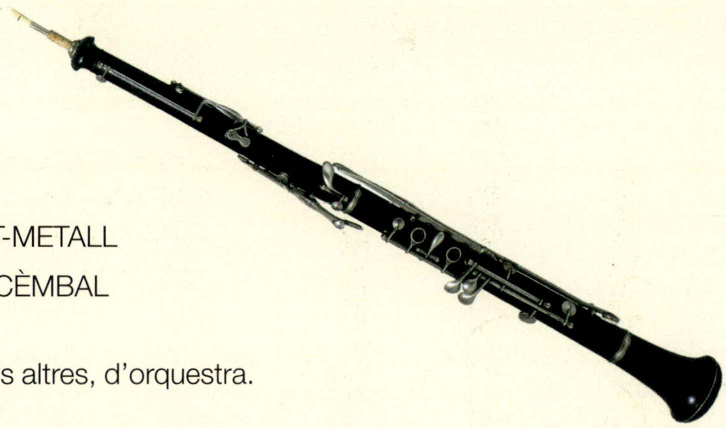

a) Mira el vídeo i observa el diàleg entre l'oboè solista i l'orquestra.

b) Quins instruments acompanyen l'oboè?

☐ INSTRUMENTS DE VENT-FUSTA I VENT-METALL

☐ INSTRUMENTS DE CORDA I UN CLAVICÈMBAL

c) Podeu fer una coreografia, un fa d'oboè i els altres, d'orquestra.

10. Un instrument de vent-fusta amagat

V08 *L'Arlésienne*. G. BIZET

a) Mira el vídeo. Hi ha un instrument de vent-fusta que fa la melodia. Primer està amagat i després apareix en pantalla. El trobes? Quin és? Fixa't en l'embocadura, no el veuràs sencer.

FLAUTA OBOÈ FAGOT SAXOFON

b) Darrere de l'instrument solista n'hi ha un altre de vent-fusta que a vegades recolza algunes parts de la melodia del solista, a vegades li fa una segona veu i també l'acompanya... és un clarinet. El clarinet té una canya que es colla a l'embocadura o és de doble canya?

c) Quin paper fan els instruments de corda?

☐ SOLISTES

☐ ACOMPANYAMENT

d) Els instruments de corda es toquen fregant o pinçant les cordes?

11. Contrast tímbric

A01 *Cançó veneçolana*. Popular

Hi ha sons que es fonen i altres que contrasten. A vegades els compositors busquen instruments que fonguin el seu so creant un so únic, com quan el pintor vol que es barregin dos colors. Altres vegades volen que els sons contrastin.

Quan es disposa de pocs instruments el primer que busca el compositor és el contrast de l'instrument solista i el que fa l'acompanyament.

a) Quin instrument fa la melodia i quin acompanya?

   Melodia: TROMPETA o FLAUTA?

   Acompanyament: PIANO o GUITARRA?

b) Creus que és una peça fàcil o difícil per als dos instrumentistes? Per què? Considera els elements de la música: tempo o moviment i forma de la línia melòdica.

12. Fusió i contrast tímbric

A02 *Rêverie russe*. E. Cavallini

a) Escolta la peça. Fusiona dos sons d'instruments de vent-fusta, la flauta travessera i el clarinet, i contrasta-ho amb el piano.

b) Mira els instruments i assenyala amb el dit quan sonen principalment els instruments que es fusionen i quan sona el piano que contrasta. Hi ha moments que sonen junts: marca-ho amb un dit de cada mà.

5. Els instruments de vent-metall

Els instruments de vent-metall estan constituïts amb diferents aleacions de metall i tenen la funció de donar potència sonora a les composicions.

Aquests instruments sonen bufant. No tenen forats, com els de vent-fusta, perquè amb la diferent pressió de l'aire i dels llavis surten moltes notes.

Les claus o els pistons serveixen per fer les notes que no surten per pressió.

Per exemple, en una trompeta —que té tres pistons—, el pistó que és més a prop de la cara puja un to la nota que es fa amb els llavis, el pistó del mig puja mig to i el més llunyà, un to i mig.

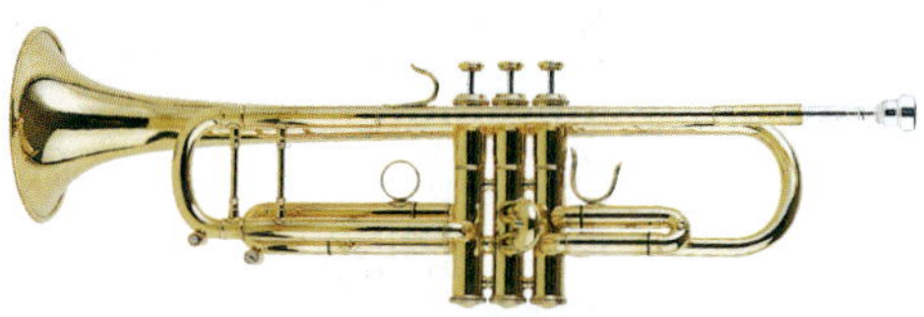

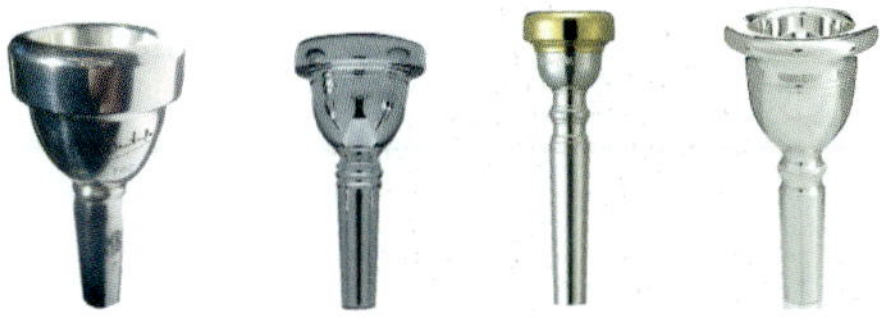

Embocadures d'instruments de vent-metall. Les embocadures no es fiquen a la boca, només s'hi recolzen els llavis.

Activitats

13. Vent-metall, qui és qui?

V09 *Mix d'instruments de vent-metall*

a) Mira el vídeo i observa com són i com toquen diferents instruments de vent-metall.

b) Digues en quin ordre apareixen els instruments en aquests retalls de vídeos:

TROMPETA TROMBÓ TROMPA TUBA

6. Els instruments de percussió

Els instruments de percussió sonen quan són colpejats o sacsejats.

La seva funció a l'orquestra és donar tocs de color i de força. També els utilitzen els compositors per marcar ritmes.

Una part dels instruments de percussió tenen afinació, poden fer notes d'altures diferents: són els de percussió determinada.

Uns altres tenen un únic so, d'altura fixa: són els de percussió indeterminada.

Les timbales estan afinades i es modifica el so amb el pedal.

timbales

Tenen una membrana que es colpeja amb baquetes o amb les mans.

bombo

caixa

congues

Són de metall.

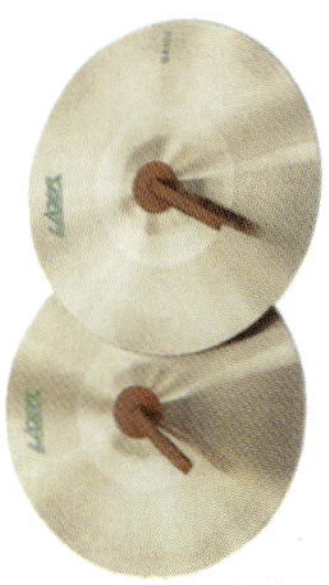

platerets

triangle

gong

Afinats. Són com un teclat.

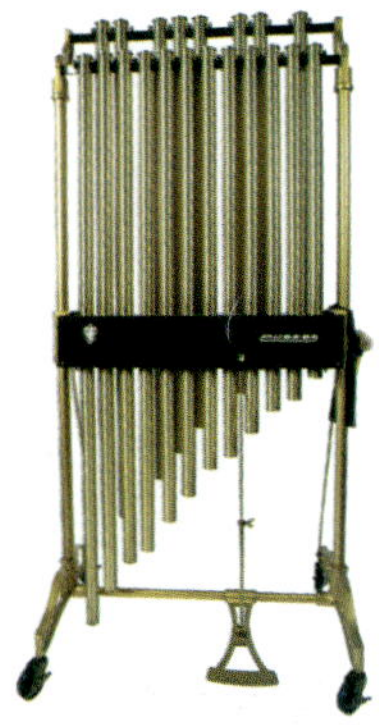

campanes tubulars

xilòfon

celesta

Activitats

14. Percussió determinada (1)

V10 *«Dansa de la fada del sucre». El trencanous*. P. I. TXAIKOVSKI

a) Mira el vídeo, quin instrument solista és?

XILÒFON CELESTA MARIMBA PIANO

b) Es toca amb les dues mans o amb una?

c) Té un so agut o greu?

15. Percussió determinada (2)

V11 *El carnaval dels animals*. C. SAINT-SAËNS

a) Quin instrument de percussió afinada és solista?

b) Es toca amb les dues mans o amb una?

c) Com es diuen els bastons que té a les mans el solista i que percudeixen les làmines de fusta?

16. Les timbales

V12 *Així parlà Zarathustra*. R. STRAUSS

a) Observa el vídeo de presentació d'un gran director i d'una de les millors orquestres simfòniques del món.

b) Quina seqüència d'instruments fa?

☐ TROMPETES →  → Secció de metall [x2] → Inici igual i secció de metall amb timbales

☐ TROMPETES → Secció de metall →  [x2] → Inici igual i secció de metall amb timbales

17. Percussions variades

V13 *Percussion on Parade*. C. NONA

a) Mira el vídeo i vés distingint els instruments de percussió que hi surten. Apareixen en aquest ordre:

Xilòfon
Plat
Campanes tubulars
Timbales
Caixa xinesa
Vibràfon
Carilló
Caixa
Plat
Castanyoles
Pandereta

b) Classifica'ls en dues llistes: percussió determinada (instruments que poden fer notes diferents) i percussió indeterminada (instruments que no poden fer notes diferents).

Resum de la unitat

Els instruments acústics

Els instruments acústics són uns objectes dissenyats perquè sonin quan se'ls aplica una acció com bufar, rascar, fregar, percudir o pinçar.

Cadascun dels instruments té el seu timbre i la seva sonoritat particular.

D'instruments n'hi ha de formes molt variades. Tots tenen una part que produeix el so quan s'hi aplica una acció i alguns tenen una altra part que l'amplifica, com els de corda o els de membrana.

Els instruments són importants perquè són la veu de la música, són els que posen veu a les diferents qualitats del so.

L'orquestra simfònica

L'orquestra simfònica és una agrupació de molts músics que té uns resultats espectaculars: té molts timbres diferents, molts colors.

Els instruments de l'orquestra s'organitzen en famílies.

En una família hi ha els instruments als quals s'aplica la mateixa acció perquè sonin.

A l'orquestra simfònica hi ha:

- la secció de corda
- la secció de vent-fusta
- la secció de vent-metall
- la secció de percussió

Els instruments de l'orquestra se situen en un lloc determinat depenent de la seva sonoritat. Si sonen més fluix se situen a davant i si sonen més fort, a darrere.

- **Corda**

  És la secció més nombrosa de l'orquestra.

  El so s'obté mitjançant la vibració de la corda en fregar-la o pinçar-la.

  Tots tenen una caixa de ressonància visible.

  Les cordes es freguen amb un arquet.

- **Vent-fusta**

  Els instruments de fusta tenen timbres variats perquè tenen diferents embocadures.

  Els instruments de vent-fusta donen molt color a l'orquestra, és la seva funció.

- **Vent-metall**

  Els instruments de vent-metall estan construïts amb aleació de metall i tenen la funció de donar potència sonora a les composicions.

  Aquests instruments no tenen forats, com els de vent-fusta, perquè amb la diferent pressió dels llavis surten moltes notes.

  Les claus o els pistons serveixen per fer les notes que no surten per pressió.

- **Percussió**

  Els instruments de percussió sonen quan són colpejats o sacsejats.

  La seva funció a l'orquestra és donar tocs de color i de força. També els utilitzen els compositors per marcar ritmes.

  Una part dels instruments de percussió tenen afinació, poden fer notes d'altures diferents: són els de percussió determinada.

  Uns altres tenen un únic so, d'altura fixa, i són els de percussió indeterminada.

El blog de la Martina

Tatxan!!!!!

Aquest diumenge vaig a un concert amb quatre amics de la classe. Per fi ens hem organitzat! Hem comprat les entrades per Internet, tenim les de dalt, al segon pis, les més barates, però encara que siguis lluny se sent molt bé. Els enginyers de so que han dissenyat la sala deuen ser molt bons, perquè és molt gran i des de tot arreu se sent perfectament!

He estat jo qui ha proposat anar a l'Auditori, no us penseu que ha sortit d'ells... Noooo! Els amics de l'insti no hi van mai, sembla que la música clàssica només sigui per a gent gran i NO ÉS VERITAT!!!!!

El cert és que m'ha costat una mica de convèncer-los, ha, ha... Però com que a mi em semblava una bona idea els he explicat el programa, i els he encomanat les ganes d'anar-hi.

Quan vaig veure el que tocaven al concert em va semblar fantàstic, ja que a l'insti acabem d'estudiar els instruments de l'orquestra i justament fan obres que hem sentit a classe. El *Capriccio italiano*, de Txaikovski (que té molt joc de seccions de l'orquestra simfònica), *L'Arlésienne*, de Bizet (que sempre fa sortir instruments solistes) i *El carnaval dels animals*, de Saint-Saëns, compost l'any 1886.

El carnaval no l'hem escoltat a classe. Jo el vaig treballar a l'escola de música i és una obra molt entretinguda!

He buscat informació a Internet i he llegit que el compositor va plantejar l'obra com una broma musical per un dia de carnaval. El que és curiós és que no va voler que es toqués en públic fins després de la seva mort. Tenia por que no el consideressin un músic seriós i no li encarreguessin obres. Qualsevol diria que no es pot ser genial també en situacions de festa... Total, que sortint de l'insti els he posat *El carnaval* pel YouTube i els ha agradat. La Marta, una amiga, s'ha quedat amb un tema que es diu «Fòssils». Em sembla que ja sé per què... A l'insti, quan toquem instruments de percussió de placa, ella sempre aixeca la mà per sortir voluntària, però és clar... els nostres instruments són escolars, molt més petits. Ha al·lucinat amb aquest instrument de professional!

Us poso el vídeo!!!

V14 *El carnaval dels animals.* C. SAINT-SAËNS

Ah... i ja us explicaré com ha anat l'anada al concert! Quins nervis...
(Jo em vaig dient per dins: tranqui Martina, que tot anirà bé!)

Competència matemàtica

a) Si en una orquestra hi ha 100 músics i 70 són de corda, quin percentatge de corda hi ha a l'orquestra?
b) Quin segle és l'any 1886 en què Saint-Saëns va compondre *El carnaval dels animals*?

Competència en comunicació lingüística

a) Per què Saint-Saëns no volia que *El carnaval dels animals* es toqués mentre era viu?
b) Li ha costat a la Martina animar els companys a anar al concert?

Competència tecnològica

a) Qui són els encarregats de dissenyar una sala de concerts perquè soni bé?
b) Els instruments de l'orquestra són acústics o electrònics?

Competència artística

a) Quin instrument de percussió afinada és solista de «Fòssils»?
b) Com es diuen els pals que té a les mans el solista?

Competència per aprendre a aprendre i competència d'autonomia i iniciativa personal

a) Busca una sala de concerts i segueix els passos per comprar entrades.
b) Consideres que el que han après la Martina i els seus amics a les classes de música els servirà per gaudir més del concert? Per què?
c) Com han comprat les entrades per al concert?

Competència en el coneixement i la interacció amb el món físic

a) De quins països són Txaikovski i Bizet?

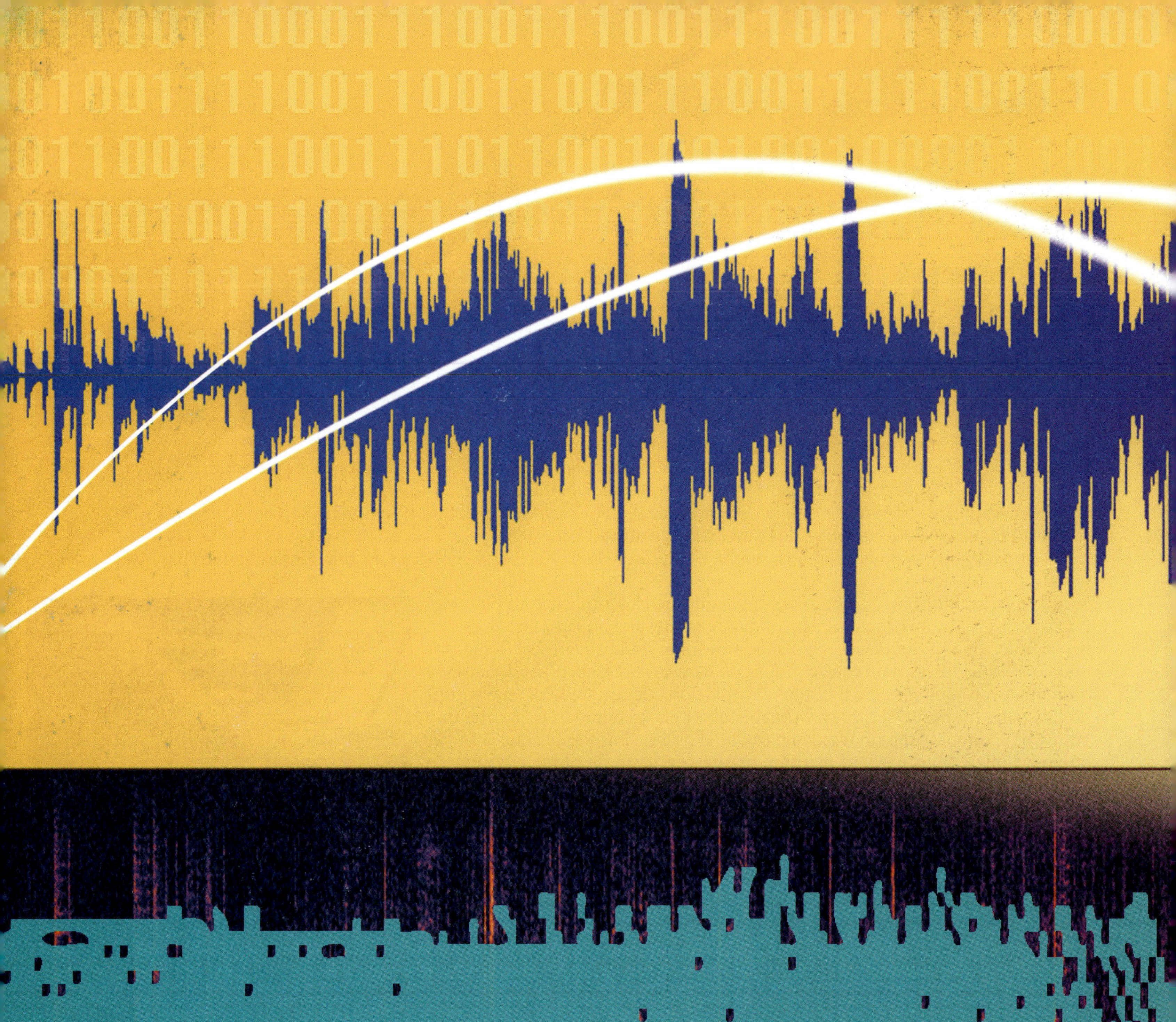

A la unitat anterior has vist com es produeix el so acústic amb diferents instruments.

En aquesta unitat veurem les possibilitats del so digital.

Fins a l'aparició de la informàtica aplicada a la música, el so no es podia manipular. El so se sentia quan el produïa un instrument i el més important era que la música gravada se sentís com si fos en directe.

Amb els avenços tecnològics lligats al so s'han ampliat els recursos musicals, el compositor disposa de molts més sons i, a més a més, els pot manipular.

També en la música, el món digital ha desenvolupat noves eines de treball i de comunicació.

UNITAT 7

El so digital

1. La rebuda del so i la tecnologia

Rebem el so per les dues **orelles**, una a cada costat del cap; per tant, el cervell ha de processar la informació que rep de cadascuna d'elles. Aquesta diferència de situació ens dóna informació d'on està situada la font sonora: si és a la dreta o a l'esquerra, a davant o a darrere, a dalt o a baix.

Sons **acústics** en directe:
Quan rebem els sons en directe –sense amplificació electrònica– els sentim en tres dimensions i aquesta informació ens ajuda a situar-nos i a gaudir del so en directe.

Sons **acústics tractats electrònicament**:
Si el so és enregistrat hi ha una manipulació sonora. El que sentim és una sonoritat que decideix el tècnic de so quan fa les mescles de la gravació o sonoritza una actuació en directe. Tant en les pel·lícules com en la música gravada, el so es reparteix perquè entri diferenciat per les dues orelles i faci sensació de realitat. La música que escoltem està manipulada per sentir-ne una part per una orella i l'altra per l'altra. És la música estèreo. Si escoltem només un auricular dels cascos ens perdem informació.

Els **auriculars** són la millor manera d'escoltar música perquè el so ens arriba:

- net de sons ambientals,
- repartit entre les dues orelles,
- preparat perquè el cervell el pugui processar.

La qualitat dels auriculars és molt important. N'hi ha de molt senzills, però no se senten bé. Els bons auriculars ens permeten sentir tots els sons que s'han enregistrat, tant els més aguts com els més greus.

2. El so acústic i el so digital

Què és el so digital?

El so digital és el produït electrònicament, no mecànicament. Ningú no toca cap instrument per fer el so.

On són els sons digitals?

Els sons digitals s'han de tenir a l'ordinador o en aparells connectats que ja tenen sons, com els teclats.

Hi ha grans bancs de sons que el compositor té al seu abast. N'hi ha de lliures i n'hi ha que es compren.

Per què és important el so digital?

El so digital és important perquè amplia molt les possibilitats de sons que pot escollir el compositor.

Actualment el compositor disposa de dos tipus de timbres per compondre música: els sons acústics i els sons digitals. També els pot combinar en una composició o en un arranjament.

L'electrònica pot modificar els sons acústics una vegada enregistrats.

Quan es compon o es produeix un tema musical són molt importants els sons que s'escullen.

Activitats

1. Efectes sonors virtuals

A01 *L'efecte estèreo*

a) Posa't els auriculars, tanca els ulls i escolta els següents sons. Vés seguint amb el dit el recorregut del so a l'espai.

b) Torna-ho a escoltar i abaixa el volum d'un dels dos canals de l'estèreo, o escolta-ho només per un auricular, i veuràs que es perd la sensació del so a l'espai.

2. Barreja de timbres acústics i digitals

A02 *1492 Conquest of Paradise*. VANGELIS

a) Torna a escoltar l'audició i fixa't en els timbres de sons que fa servir el compositor.

b) La majoria són sons digitals, però n'hi ha dos d'acústics. Quins et sembla que són els sons acústics?

COR I PIANO   TROMPETES I PIANO

3. Del so acústic al so digital

A03 *Koróbuixka*. Popular russa

a) Escolta l'enregistrament: és una cançó popular russa. Aquesta cançó s'ha fet famosa perquè és la música del joc electrònic *Tetris*, un videojoc històric de tipus trencaclosques.

b) Llegeix el text següent. Comenta'l amb el professor o professora.

Aleksei Leonídovitx Pàjitnov, creador del 'Tetris'
Qui no ha perdut hores posant a prova l'habilitat a l'hora d'encaixar quadrets en la famosa paret multicolor del joc *Tetris*? Aleksei Leonídovitx Pàjitnov (Moscou, 1956) va crear el *Tetris* en hores mortes mentre treballava com a programador al Centre de Computació de l'Acadèmia Soviètica, el 1985. El joc va tenir moltíssim èxit i va anar a parar a les mans de Nintendo. El creador va deixar el seu país i va emigrar als Estats Units, on va treballar a Microsoft. Actualment treballa en la creació de nous jocs del tipus trencaclosques.
Pàjitnov es va inspirar en un joc molt conegut i tradicional a Rússia anomenat *pentòmino*. El joc, però, és d'origen àrab. Explica la llegenda que va fer el joc en una sola tarda, ja que el *Tetris* té una programació senzilla.

A04 Música del *Tetris*. Popular

c) Escolta l'audició seguint la partitura. Si la compares amb la cançó russa veuràs que a la cançó el tema B no hi és. La B està composta especialment per al joc.

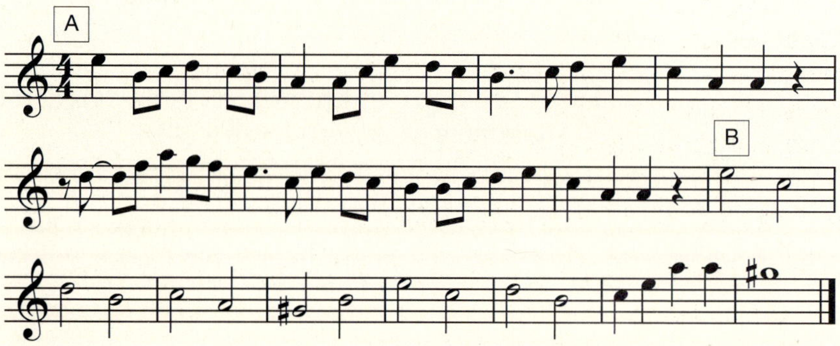

El que dóna qualitat a una reproducció musical són els Kb/s (quantitat d'informació que ens arriba per segon). En els primers aparells de jocs electrònics hi havia molt poca possibilitat sonora ja que la imatge necessitava tota la informació i en quedava poca per a l'àudio. Per això el so és tan limitat comparat amb la música dels videojocs actuals.

d) Pots tocar la cançó amb la semipartitura. Està en una tonalitat més adequada per a la flauta.

A
La mi fa sol fa mi/ re re fa la sol fa/ mi mi fa sol la/ fa re re_
() Sol_ si♭ re' do' si♭/ la_ fa la sol fa/ mi mi fa sol la/ fa re re_
B
La_ fa_/ sol_ mi_/ fa_ re_/ do#_ mi_/
La_ fa_/ sol_ mi_ /fa la re' re'/ do#'____

V01 Vídeo: *Jocs en concert*. Popular

e) Mira el vídeo i gaudeix de l'orquestra tocant el tema del *Tetris*.

f) Adona't que d'una petita melodia se'n pot treure un gran rendiment musical.

3. La música i la imatge

Música sense imatge
A Internet hi ha llocs web per escoltar música i amb una qualitat de so molt bona, molt millor que quan va associada a la imatge. Tots els kB/s d'informació ens arriben de música.

Els videoclips
Abans de 1979 la música s'escoltava en directe o enregistrada, però sense la imatge.
Els vídeos musicals van afegir un sentit més a la música, van sumar l'oïda i la vista.
La idea va sorgir amb la finalitat de promocionar grups i cantants a través de la difusió dels vídeos per televisió.
La música es podia escoltar per la ràdio i la televisió.

Vídeos musicals a Internet
Moltes persones a tot el món escolten música a través dels vídeos penjats a Internet.
Aquesta no era la intenció primera dels creadors del lloc web YouTube, l'any 2005. Ells van iniciar un lloc per compartir els vídeos domèstics de creació pròpia.
YouTube s'ha convertit en una de les pàgines més visitades. Hi ha empreses discogràfiques que promocionen la seva música a través d'aquest mitjà. Escoltar la música per aquesta pàgina té avantatges i inconvenients.

Avantatges:
- És immediat: cerques, cliques i sona.
- Es pot triar la resolució de la imatge i la mida de la pantalla.
- Pots mirar el vídeo o minimitzar la pantalla i deixar només l'àudio.
- La varietat de música penjada és molt gran, ja que hi ha vídeos de músiques d'estils molt diferents.
- El fet de veure els intèrprets ofereix informació visual molt interessant.
- Es pot gaudir de filmacions històriques d'intèrprets i grups ja desapareguts.
- Es poden compartir a les xarxes socials els vídeos que més agraden.
- Els creadors musicals poden donar a conèixer les seves obres de manera gratuïta.

Inconvenients:
- Els vídeos més antics tenen baixa resolució i es veuen pixelats.
- El vídeos musicals no se senten tan bé com en CD o en pàgines web de música.
- Els compositors i compositores de la música no cobren el que els pertany per la difusió de la seva música.
- La gran quantitat de publicitat que hi ha interfereix en la visió i retarda l'inici del vídeo.

Activitats

4. Com escoltes música?

a) Contesta el qüestionari:
   1. Normalment escoltes música amb els vídeos musicals?
   2. A casa, escoltes música amb auriculars, amb altaveus o directament de l'ordinador?
   3. Mires vídeos musicals a la televisió?
   4. Tens reproductor de CD? El fas servir?

b) Poseu les respostes en comú.

4. L'ordinador, una eina musical

Hi ha **programes informàtics** que faciliten la creació musical i l'edició de partitures.
Com amb qualsevol programa informàtic el que l'usuari busca és que el programa tingui moltes eines de treball i que sigui intuïtiu.
Hi ha programes senzills i d'altres de molt complexos, però en tots cal invertir-hi temps per anar provant les diferents eines i possibilitats. També hi ha molts vídeos tutorials que ajuden a conèixer el programa escollit.
A la xarxa hi ha *demos* de programes per provar-los; es descarreguen gratuïtament per uns dies.

Creació i edició de so

Hi ha molts programes de creació musical. Un programa de creació és el que permet compondre un tema instrumental sense haver d'escriure la partitura i amb la possibilitat d'escoltar-lo immediatament.
Saber música és útil perquè es pot sentir interiorment la composició abans d'entrar la informació a l'ordinador. El músic sap com utilitzar cada element de la música. Si no ets músic, has d'anar provant.
Per compondre, es clica a un so amb la durada, l'altura i la intensitat que es vol. Això es pot fer amb un teclat, amb les tecles de l'ordinador o amb el ratolí clicant al lloc de la pantalla on ha d'anar el so.
Amb aquesta base d'informació es pot variar el tipus de sonoritat, canviant el so o posant-hi efectes.
En els programes ja hi ha bancs de sons, però el més habitual és tenir diferents llibreries o magatzems de sons.

Edició de partitures

Un editor de partitures és un programa que serveix per escriure música. És com un processador de textos, però amb notes.
Les partitures digitals faciliten la feina de l'intèrpret! Es llegeixen molt millor!
Es poden fer tot tipus de partitures. S'introdueixen les notes i els ritmes amb el teclat de l'ordinador, amb un teclat de piano extern o clicant a l'altura i la durada en el pentagrama.
Es poden veure i escoltar les partitures a mesura que s'entren les notes a l'ordinador.
Els programes permeten transportar la línia melòdica més aguda o més greu, segons l'instrument que l'ha de tocar.

Activitats

5. El so a la pantalla

V02 *Elements de la música (Producció pròpia)*

a) Mira el vídeo. A la pantalla es veu una línia per a cada element de la música.

b) Digues l'ordre en què van sorgint els elements següents:

MELODIA BAIX ACOMPANYAMENT RITME

6. Comparació de partitures

a) Mira les dues partitures. Quina es llegeix millor? Fes un joc: troba les tres diferències.

Partitura manuscrita

Partitura digital

5. L'àudio i el MIDI

Del CD al so comprimit

El CD és un suport que ocupa espai a casa, a la prestatgeria, però té molta qualitat de so. Escoltar un CD amb uns bons auriculars és la millor sonoritat que podem tenir de gaudir de la qualitat de la música. El so d'un CD és digital, però no està comprimit; per tant, ocupa molta memòria.
Actualment aquest format no és popular perquè els arxius sense compressió són molt grans. Són més freqüents els formats comprimits, tot i que amb pèrdua d'informació, ja que retallen sonoritats. Els formats comprimits van més bé perquè la transferència a través d'Internet és molt més ràpida, es carreguen ràpidament i ocupen poc espai de memòria.
Amb la imatge passa el mateix. Si està comprimida és més ràpida de descarregar.

Àudio

La música que escoltem, la que ja està enregistrada i comercialitzada, és un àudio.

L'àudio pot estar en els formats següents:
- Format WAV→ És com tenim la música als CD. El WAV pesa molt (ocupa molta memòria) i és de descàrrega molt lenta.
- Format comprimit → L'àudio en MP3. Ocupa dotze vegades menys que en format WAV o en altres formats comprimits, com Ogg Vorbis. També hi ha l'MP4, que té música i imatge.

Hi ha programes que passen de WAV a formats comprimits.

També hi ha els programes editors d'àudio, que treballen amb els formats comprimits. Permeten editar la música com es vulgui: tallant-la, enllaçant-la, posant-hi efectes...
Poden canviar o modificar tres qualitats del so en un fragment musical: la velocitat de la pulsació, l'altura de sons de tot el tema i la intensitat sonora.
El que no permet fer un editor d'àudio és canviar el timbre dels instruments. Ni una bateria no pot sonar com un piano, ni un violí com una trompeta!

MIDI

Els programadors informàtics van crear un sistema de comunicació, un llenguatge, que fa que es puguin connectar diferents aparells, com teclats o llibreries de sons, que s'entenguin entre si i es puguin comandar des de l'ordinador. Aquest llenguatge és el MIDI.
El MIDI és com l'anglès, que s'ha convertit en un llenguatge de comunicació universal.
Quan un creador treballa amb un programa d'edició i composició musical ho fa en MIDI.
El MIDI sí que permet posar el so que es vol a les diferents línies de sons que es van entrant.

Activitats

7. Treballa amb àudio

Si et ve de gust aprendre a manipular l'àudio tens dos programes diferents que són molt intuïtius. Només calen ganes de fer-ho i passar-hi temps!

a) Descarrega't un programa lliure que es diu **Audacity**.
- Va molt bé per editar una veu i una pista musical en MP3 o entrar-hi temes en MP3 i anar-los enllaçant.
- Podem agafar una pista enregistrada i netejar-la de sorolls, afegir-hi efectes, tallar, copiar i enganxar trossos d'àudio.
- També pot canviar les velocitats de reproducció.
- Es pot guardar i enregistrar el producte final.
- Hi ha vídeos tutorials que expliquen l'entorn del programa i com fer-lo anar.

b) Mira la pantalla, què et sembla que està passant?

☐ Hi ha dues pistes i es van alternant dos temes diferents.

☐ Hi ha una pista i hi ha moments que no sona.

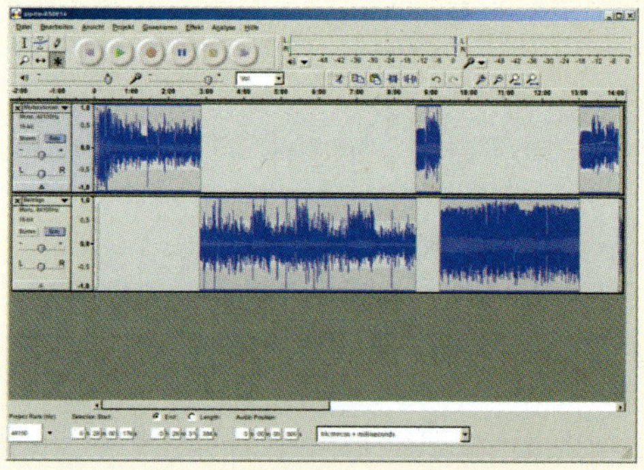

c) Mira aquesta altra pantalla. S'està enregistrant un so. Et sembla que...

☐ comença fort i després va a fluix?

☐ comença fluix i després va a fort?

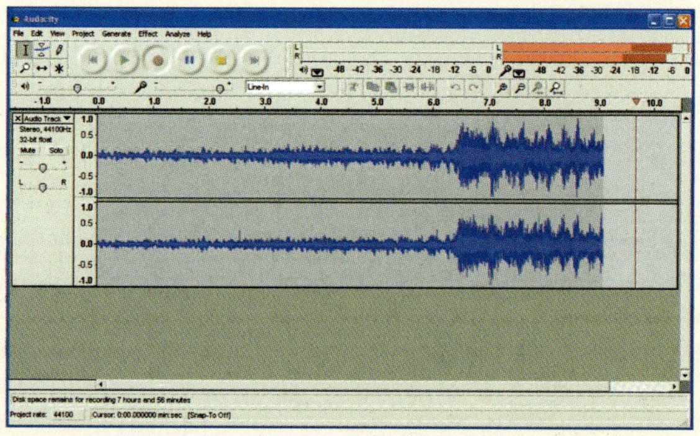

d) Descarrega't un programa que es diu **Virtual DJ**.
- Va molt bé per fer de discjòquei.
- És un programa molt visual.
- Hi entres dos temes en MP3, un per a cada «tocadiscos», i vas jugant amb ells com si fossis un discjòquei.
- Observa que hi ha dos tocadiscos virtuals, una taula de comandaments central i efectes de so.
- El fan servir els discjòqueis professionals, però com que és molt fàcil de comandar també el pots explorar per aprendre un programa d'àudio o com a divertiment.
- La versió de prova dura vint dies.
- Hi ha vídeos tutorials que expliquen l'entorn del programa i com fer-lo anar.

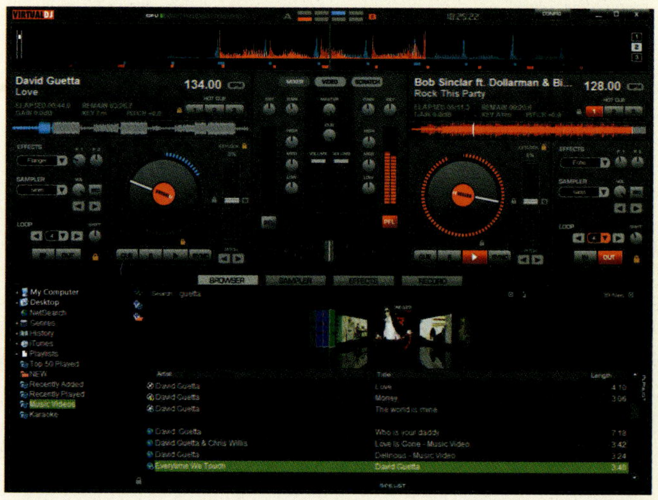

6. Les qualitats del so a l'ordinador

La durada del so

Els programes d'edició i creació musical permeten allargar o escurçar els sons.

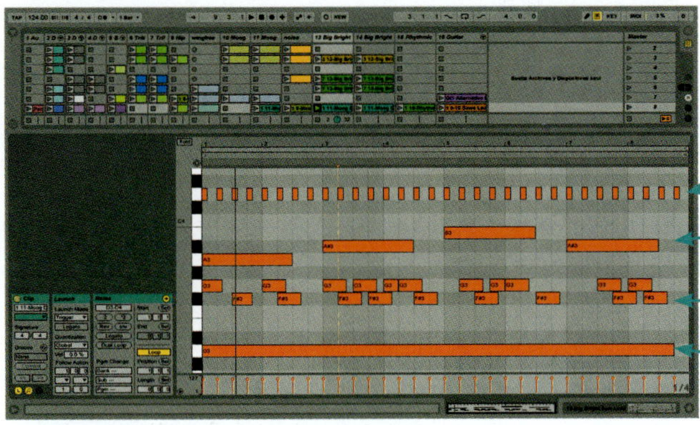

Activitats

8. La durada del so

V03 *Les qualitats del so en pantalla: la durada* (Producció pròpia)

a) Mira el vídeo i observa com es modifica la durada del so en un programa musical.

b) Algú de vosaltres explica el que succeeix a la pantalla.

L'altura del so

Els programes d'edició i creació musical també permeten variar l'altura de les notes i provar com sonen.

Activitats

9. L'altura del so

V04 *Les qualitats del so en pantalla: l'altura* (Producció pròpia)

a) Mira el vídeo i observa com es modifica l'altura del so en un programa d'edició musical.

b) Algú de vosaltres explica el que succeeix a la pantalla.

c) Mira la imatge de la il·lustració: quines notes veus a la pantalla? Consulta a Internet on estan situades les notes en un teclat.

La intensitat del so

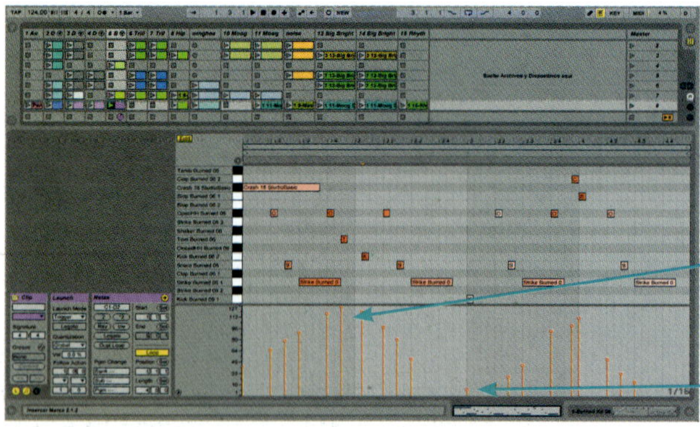

En els programes d'edició i creació musical es pot variar la intensitat del so de cada nota o fragment musical. També es pot provar com sona i modificar-lo.

Activitats

10. La intensitat del so

V05 *Les qualitats del so en pantalla: la intensitat* (Producció pròpia)

a) Mira el vídeo i observa com es modifica la intensitat del so en un programa d'edició musical.

b) Algú de vosaltres explica què passa a la pantalla.

c) Observa la il·lustració anterior: quin so és més fort, el tercer o el cinquè?

El timbre del so

En els programes d'edició i creació musical es pot triar el tipus de sonoritat per a cadascuna de les línies d'informació que entrem a l'ordinador.
Les llibreries de sons són com magatzems de sonoritats. N'hi ha de molt especialitzades amb molts sons diferents del mateix instrument o diferents tipus de sonoritat electrònica.

Segons l'estil de música es fan servir uns tipus de sons o uns altres.

- Si volem que soni més electrònic farem servir sons creats electrònicament, sons que no s'assemblen al so de cap instrument conegut.
- Si volem que soni com una orquestra farem servir sons acústics enregistrats i passats a digital.

Activitats

11. El timbre del so

V06 *Les qualitats del so en pantalla: el timbre (Producció pròpia)*

a) Mira el vídeo i observa com es va canviant de sonoritat en un programa d'edició musical.

b) Segueix el quadre i vés assenyalant cada vegada que canviï de timbre. Quants en sents?

1	2	3	4	5	6	7	8

7. La música electrònica

La música electrònica està present a la majoria de música actual: tots els grups fan servir sons electrònics juntament amb instruments acústics i veu. Es considera música electrònica la que té les característiques següents:

- És un estil musical que només fa servir sons electrònics.
- És fonamentalment instrumental i amb escassa presència de veu.
- Sovint es fan servir melodies curtes o que van ser famoses en el passat.
- Es pot escoltar enregistrada, hi ha discjòqueis i productors barrejats amb col·laboracions.

El més enriquidor, però, és veure com un discjòquei juga amb els temes: com els enllaça, com els talla i com hi introdueix una seqüència seva o d'un altre productor. La música electrònica és molt rítmica i rica en tipus de sonoritats.

Pulsació, compàs i sonoritats de la música electrònica:

- El patró rítmic és pràcticament sempre el mateix: té un so de bombo a negres que marca la pulsació en un compàs 4/4 i un cop de caixa o picament de mans en el segon i quart temps del compàs. Es tracta d'un patró rítmic típic present també en altres estils musicals. La pulsació va de 120 a 150 pulsacions (*beps*) per minut. Depenent de l'estil de música la pulsació és més ràpida o més lenta.
- La utilització de timbres musicals sintètics és molt important a la música electrònica. Moltes vegades un so és l'inspirador d'una línia de ritme, d'un baix, d'un acompanyament o d'una melodia.

Qui i què fan els músics electrònics?

- Un **discjòquei** barreja, fa *scratch* (repeticions d'un petit fragment fent anar el plat endavant i endarrere) i fa sessions en directe amb la música que ja han creat altres productors. Té equips com mescladors, controladors MIDI i fa servir programes com el Virtual DJ, el Traktor...
- Un **productor** és qui fa que les cançons o sèries siguin rítmiques i harmòniques, amb ordinadors, teclats MIDI, sintetitzadors i altres fonts sonores. Fa servir programes com el Pro Tools, l'Ableton, el Logic i el Cubase.
- Un **discjòquei/productor** és aquell té una col·lecció de mostres sonores seves, d'altres productors o temes ja pregravats i en directe selecciona el que vol anar punxant en cada moment.

Activitats

12. Música electrònica

A05 *Apollo*. Hardwell Feat. Amba Shepherd

a) Mira el musicograma i fixa't en com estan organitzades les diferents seqüències.

b) Escolta l'audició fixant-te en: compassos, ritme, melodia... Balla-la.

Compassos	4	16	8	8	4	4	8
Ritme acompanyament	Bàsic	A poc a poc entren corxeres	Rodones	Negres	Negres	Corxeres i semicorxeres Silenci i cops	Negres
Melodia	No	Veu, frases 4 compassos	4 notes, patró 4 compassos	4 notes, patró 4 compassos	3 notes obstinat	So ascendent	4 notes, patró 4 compassos
Harmonia	No	Guitarra va entrant a corxeres	3 acords	3 acords a rodones	No	No	3 acords
Sonoritat		Amb més eco	Bombo sec	Bombo sec	Bombo sec	Bombo sec	Bombo sec
Efectes		Atmosfera i crescendo		So enrere	Atmosfera	Atmosfera	Molts

Resum de la unitat

La rebuda del so i la tecnologia

Rebem el so per les dues orelles. El cervell processa la informació i ens diu on està situada la font sonora.

Els sons **acústics** en directe els sentim en tres dimensions i això ajuda a situar-nos i a gaudir del so.

En els **sons acústics tractats electrònicament** el que sentim és una sonoritat que decideix el tècnic de so quan fa les mescles de la gravació o sonoritza una actuació en directe.

Els **auriculars** són la millor manera d'escoltar música. La qualitat és important.

El so acústic i el so digital

El so digital és el que es produeix electrònicament, no mecànicament. Ningú no toca cap instrument per fer el so.

Els sons digitals s'han de tenir a l'ordinador o en aparells connectats que ja tenen sons, com els teclats. Hi ha grans bancs de sons que el compositor té al seu abast. N'hi ha de lliures i n'hi ha que es compren.

Ara, el compositor disposa de dos tipus de timbres per compondre música: els sons acústics i els sons digitals. També els pot combinar en una composició o en un arranjament.

La música i la imatge

Música sense imatge: A Internet hi ha llocs web per escoltar música i amb una qualitat de so molt bona, molt millor que quan va associada a la imatge.

Els videoclips: Abans, la música s'escoltava en directe o enregistrada, però no associada a la imatge.

Els vídeos musicals van afegir un sentit més a la música, van sumar l'oïda i la vista.

Vídeos musicals a Internet: Tot el món escolta música a través dels vídeos penjats a Internet.

L'ordinador, una eina musical

Hi ha programes informàtics que faciliten la creació musical i l'edició de partitures.

Com qualsevol programa informàtic el que l'usuari busca és que el programa tingui moltes eines de treball i que sigui intuïtiu.

Creació i edició de so: Hi ha molts programes de creació musical. Un programa de creació és el que permet compondre un tema instrumental sense haver d'escriure la partitura i amb la possibilitat d'escoltar-lo immediatament.

Per compondre, es clica a un so amb la durada, l'altura i la intensitat que es vol. Això es pot fer amb un teclat, amb les tecles de l'ordinador o amb el ratolí clicant al lloc de la pantalla on ha d'anar el so.

Amb aquesta base d'informació es pot variar el tipus de sonoritat, canviant el so o posant-hi efectes.

Als programes ja hi ha bancs de sons, però el més habitual és tenir diferents llibreries o magatzems de sons.

Edició de partitures: Un editor de partitures és una programa que serveix per escriure música. És com un processador de textos, però amb notes. Les partitures digitals faciliten la feina de l'intèrpret perquè es llegeixen molt millor que les escrites a mà.

El blog de la MaRtiNa

Amics, amigues... Avui toca parlar del baixista! Un altre *crack*!

Ell és el més gran del grup. Fa dies que volia anar a casa seva perquè té un *home studio* muntat a l'habitació.

Jo no tenia ni idea de què era això del *home studio*, però ell m'ho ha ensenyat.

Jo faig algunes cosetes de música amb l'ordinador. Bàsicament em va bé un programa que es diu Audacity perquè hi entro una cançó i la puc canviar de to fins que trobo el que em va bé per cantar, o a vegades apujo o abaixo la pulsació per adaptar-la a la velocitat que em va millor per expressar el tema.

A l'institut, el profe de música ens ha ensenyat com es feia anar un programa d'edició de música: l'Ableton Live. Hem vist com posava les notes a les diferents altures i com les canviava, com variava la durada dels sons, la intensitat, el timbre, com posava efectes... És al·lucinant com es pot fer música sense tenir cap instrument real!

Doncs el que us deia... el baixista té un muntatge a casa seva impressionant. A l'habitació hi té l'ordinador, el mateix programa d'edició musical que té el profe, uns altaveus superbons, un teclat MIDI per entrar les músiques a l'ordinador i una taula de mescles connectada a l'ordinador on hi endolla el micro i/o el baix.

Vaig estar compartint idees amb ell per compondre un tema que sonés molt electrònic. Jo portava pensada una melodia i la vaig entrar amb el teclat. Vam buscar efectes, ritmes, sonoritats...

Ara mateix acabo de rebre un mail seu (us el poso):

«Martina, aquí t'envio el tema, podria ser d'una altra manera, però abans de res, et demano sisplau que hi facis una escoltadeta i, sense dir res, el posis als teus amics. Entre tots podríem plantejar-nos:

–Què més cal posar-hi?

–Què es podria treure?

Escolta-t'ho i a veure si t'agrada com ha quedat. He pensat que tu que ets tan meticulosa et podries fer un esquema del tema i em podries comentar cada part. Dilluns ens veiem?»

Intro											Coda
4	4	4	8	4	8	8	4	1	8	8	2
acords rítmics	acords rítmics	ritme	melodia	veu «ship...»	melodia aguda	melodia aguda	«ship...»		melodia	melodia	veu
	efecte atmosfera	so xarles	so xarles	efectes	notes llargues i cop	ritmes i efectes i cop	cops caixa	plat	so xarles	so xarles	efecte descendent

@ *Enviant des de l'aula.* J. González

Competència tecnològica

a) Quins aparells electrònics té el baixista al seu estudi?
b) De quins dos programes d'informàtica musical ens parla la Martina?
c) Com ha entrat les notes de la melodia a l'ordinador?
d) Què els ha ensenyat el professor de música a la classe?

Competència matemàtica

a) Quants compassos té el tema en total?
b) Cada frase musical és múltiple de 3, de 4 o de 5 compassos?

Competència artística

a) Quin element de la música toca la Martina amb el teclat: el ritme o la melodia?
b) Què vol dir la Martina quan ens explica que al·lucina que es pugui fer música sense cap instrument real?

Competència per aprendre a aprendre i competència d'autonomia i iniciativa personal

a) Com s'ho fa l'amic de la Martina per aprendre a posar efectes al tema que estan component?
b) Per què considera que el seu amic baixista és un *crack*?

L'organització d'una obra musical és molt semblant al disseny d'un jardí. El creador decideix quins elements sonors farà servir, com els organitzarà, quantes vegades sortirà cada tema, quins elements repetirà i quins farà servir per contrastar.

Un jardí organitzat, com un tema musical organitzat, és més fàcil de recordar i d'entendre com està dissenyat.

Per escoltar una peça musical i gaudir-ne necessitem temps i memòria: temps per escoltar-la i memòria per poder identificar i recordar els temes que es repeteixen i els nous temes que apareixen.

La forma musical

UNITAT 8

1. L'organització del so

Què és organitzar el so? → L'organització del so és la manera com el compositor va posant els temes dins d'una composició, com hi va donant forma.

Per què és important organitzar el so? → Perquè si no estigués organitzat no podríem identificar els diferents temes i recordar-los. Tot seria un caos d'idees musicals.

Activitats

1. Una manera d'organitzar el so

A01 *«Arribada de la Reina de Saba». Salomó.* G. F. Händel

L'alternança tímbrica entre l'orquestra i uns instruments solistes organitza la composició. Hi dóna una forma.

a) Escolta l'audició i escriu quan intervé l'orquestra de corda i quan entren sols els dos oboès solistes.

Orquestra	Oboès	Orquestra					

b) Completa la següent anàlisi escollint el terme que defineix aquesta música i després feu una coreografia:

Moviment: ràpid o lent
Pulsació: marcada o no marcada
Compàs: binari o ternari
Ritmes: variats o repetitius
Melodia de l'orquestra: línies melòdiques repetitives o variades
Instruments solistes: de corda o de vent
Caràcter: alegre o trist
Intensitat: s'alternen $\boldsymbol{f}$ i $\boldsymbol{p}$ —segons si toquen tots els instruments o pocs—, o tot és amb intensitat forta.

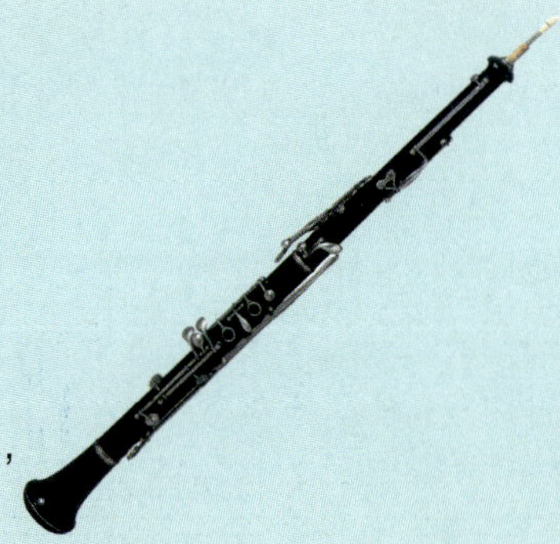

2. Els principis de repetició, contrast i variació

Hi ha tres maneres de compondre:

- **Repetir** la mateixa melodia una altra vegada: **A A**
- **Variar** la melodia una miqueta: **A A'**
- **Contrastar** la melodia (molt o poc) amb una melodia nova: **A B**

Formes que sorgeixen d'aquestes tres maneres de compondre:

- **Forma binària:** Serveix per a peces curtes. És una A i una B, però amb la B poc contrastada. A vegades se'n repeteix una de les dues. Molts himnes i marxes són binaris. No interessa que canviï el caràcter.

A B

- **Forma ternària:** També és per a peces curtes, però en aquesta sempre es torna al tema del començament, no queda oblidat. La B és més contrastada. Moltes àries d'òpera o danses tenen aquesta forma.

A B A

- **Rondó:** És per a peces una mica més llargues. El tema principal, la A, no es deixa de sentir. Per donar-hi varietat es va contrastant amb altres temes.

A B A C A D A ...

- **Forma estròfica:** És la que té estrofes i tornades. Va molt bé per a les cançons amb lletra. L'estrofa va canviant de lletra i la tornada sempre repeteix la mateixa: així es recorda més. Hi ha cançons molt senzilles que no tenen tornada, i solen explicar històries tornada. El més habitual, però, és que tinguin tornada.

Estrofa, estrofa, estrofa ... o **Estrofa, tornada, estrofa, tornada ...**

Activitats

2. Anàlisi d'una estructura binària

A02 *God Save the Queen*. Popular

a) Escolta l'audició i toca la peça amb la flauta seguint la partitura.

b) Mira on és el tema A i on és el tema B, no són gaire diferents.

c) Toca-la amb la flauta quan s'acabi la llarga introducció.

3. Anàlisi d'una estructura ternària

V01 *«Dansa de la fada de sucre». El trencanous.* P. I. TXAIKOVSKI

a) Mira el vídeo i fixa't en les tres parts en què s'organitza aquesta peça de ballet:

A	B	A

El pas de la A a la B és poc clar, veuràs que comencen unes preguntes i respostes. El pas de la B a la A final és molt clar perquè hi ha uns acords arpegiats de la celesta, que és l'instrument solista, i torna a aparèixer el tema.

b) Hi ha una petita introducció?

c) Hi ha una CODA?

d) Podeu fer una coreografia per grups. Una persona fa de fada i els altres l'acompanyen.

4. Anàlisi d'un rondó

A03 *«Rondó». Abdelazer.* H. PURCELL

a) Escolta com el teu professor o professora toca el tema A. Segueix-lo amb la partitura.

b) Observa el musicograma per veure quina informació ens dóna, i escolta l'audició. Assenyala el canvi a cada casella; compte, que de la A a la B hi ha poc contrast!

A	B	A	C	A
	(comença similar)		(molt contrast)	

5. Anàlisi d'un contrast

A04 *Cancan*. J. Offenbach

Jacques Offenbach.

a) Escolta l'audició seguint el musicograma amb el dit.

Introducció
És rítmica i cada vegada té figures més curtes.

Tema A

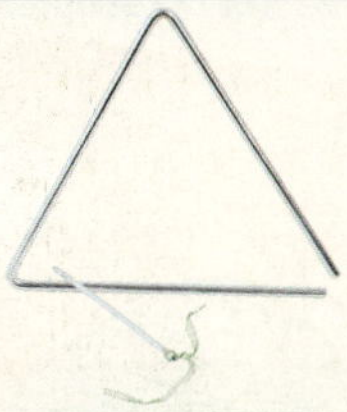

P → R
P → R
P → R
Conclusió

La A és molt lleugera i la B, molt potent!

Tema B

Tema A

Tema B

CODA
Toca tota l'orquestra i acaba amb dues baixades d'instruments de vent de metall i cops d'orquestra.

b) Quina B està arranjada amb més instruments, la primera o la segona?

V02 *Cancan*. J. Offenbach

c) Mira el vídeo i vés seguint els temes. Toca una orquestra de joves.

d) Aixeca la mà quan sentis que canvia d'un tema a l'altre.

6. Toca un rondó

A05 *«Introducció». Te Deum.* M. A. CHARPENTIER

a) Aquest rondó és més contrastat. Escolta'l a l'enregistrament de la base.

b) Observa l'estructura del rondó.

Intro	A	A	B	A	C	A
	Tots	Solistes		Tots		Tots

c) Estudia el tema A. El podeu fer a dues veus.

Tema A

re/ sol sol la si sol/ re'_ do' si
re/ re re re re re/ sol_ sol sol

()si / do' re' do' si do' re'/ la sol la si la
()sol/ sol sol sol sol sol sol/ re re re re re

re/ sol sol la si sol/ re'_ do' si
re/ re re re re re/ sol_ sol sol

()si/ do' re' si do' la___ sol/ sol___
()sol/ sol sol sol sol re___ re/ re_____

3. Com compondre un tema d'èxit

Tots els creadors pensen com construir una obra que sigui original, atractiva, que agradi al públic... i que la recordin! La memòria recorda la música per impacte emocional i per la repetició.

Per recordar un tema és necessari que sigui atractiu i que tingui una forma amb repeticions, però que no es faci pesada.

Activitats

7. Un tema d'èxit

A06 *«Marxa». Aïda.* G. Verdi

a) Escolta l'audició mentre segueixes el pensament del compositor. Fixa't en com van sorgint els temes: A, A', B i A'. El teu professor o professora anirà parant a cada tema. Després sonarà sencer.

V03 *«Marxa». Aïda.* G. Verdi

b) Mira el vídeo i escolta com queda la composició en escena.

Faré un tema que tingui personalitat, que el recordi tothom:

Tema A

Sí! M'agrada! El repeteixo, però donant sensació d'acabament:

Tema A'

(Buf... Ara ja no el puc repetir... Cansaria.)
Va, hi introdueixo un tema nou, que contrasti una mica, però poc, que no faci ombra al tema principal...

Tema B

I ara, torno a acabar com abans, que era molt bo!

Tema A'

A veure... És una desfilada en un palau d'Egipte, no es pot acabar aquí... La marxa quedaria curta...Tampoc no puc variar gaire... I ara què faig?

Ja està! Com que el tema era molt inspirat torno a repetir-lo, però començant amb dos cops d'orquestra, que posin en alerta el públic... Que el sorprenguin! Ho faré tot igual, però en un registre més agut i més fort! Tema A
El puc repetir amb la sensació d'acabament, no el deixaré penjat... Tema A'
Poso el segon tema amb unes respostes de trompeta, que l'animin! Tema B
I per fi, acabo amb el primer tema, però per donar-hi dinamisme hi poso uns instruments de metall amb notes repetides rítmiques i que hi donin una mica de canya! Tema A'
I ara el tema ja no pot tornar a sortir fins d'aquí una estona... Si no, me'l tiraran pel cap!

8. Un tema estròfic d'èxit

A07 *Memory*. A. L. Webber

Andrew Lloyd Webber, nascut a Londres l'any 1948, és un compositor anglès, fill de pare músic i de mare professora de música.

És el creador de música per a teatre musical més important del món. Les seves composicions han tingut molt èxit i ha guanyat molts premis, entre els quals, un Oscar.

Andrew Lloyd Webber va tenir una sèrie d'èxits durant els anys 70 i 80, com *El fantasma de l'òpera* i *Els miserables*.

A Andrew Lloyd Webber se li va encarregar una peça musical per als Jocs Olímpics de Barcelona del 1992, la cançó *Amics per sempre*.

Per al llibret (la lletra de les peces cantades) de l'obra *Cats*, el compositor es va basar en uns poemes que tracten els caràcters de diferents gats. Els gats li agradaven molt quan era petit.

Cats s'ha convertit en l'obra musical que més temps ha estat en cartellera: més de 20 anys!

a) Llegeix els textos sobre el compositor.

b) Familiaritza't amb la cançó. És molt melòdica. El tema A és més potent y el tema B és més suau.

Intro	Tema A	Tema A	Tema B	Tema A	Tema B	Tema A
2 compassos	Tots	Placa	Tots	Tots	Solistes	Tots

Tema A
do'__ do'__ si do' re' do' la
do' do'__ si do' re' do' sol
la__ la__ fa sol la sol fa mi___
mi sol sol__ re mi fa sol la si do' si la sol___
mi do sol__ sol___
la do' do'_

Tema B
si mi' si la
si mi' si la
si mi' mi'___ re' do' re'______
sol sol sol si__ la sol
fa# fa# fa# la__ sol
si si si do'# re' la_____

Memory

A. L. Webber

V04 *«Memory». Cats.* A. L. WEBBER

c) Mira el vídeo, és una escena del musical *Cats*. La cantant té bona veu i actua molt bé. Està especialitzada en teatre musical.

Resum de la unitat

L'organització del so

L'organització del so és la manera com el compositor va posant els temes dins d'una composició, com hi va donant forma.

Si el so no estigués organitzat no podríem localitzar els diferents temes i recordar-los.

Principis de composició

Hi ha tres maneres de compondre:

- **Repetir** la mateixa melodia una altra vegada: **A A**
- **Variar** la melodia una miqueta: **A A'**
- **Contrastar** la melodia (molt o poc) amb una melodia nova: **A B**

Formes musicals

- **Forma binària A B**

  Serveix per a peces curtes. És una A i una B, però amb la B poc contrastada. A vegades es repeteix una de les dues.

  Molts himnes i marxes són binaris. No interessa que canviï el caràcter.

- **Forma ternària A B A**

  També és per a peces curtes, però en aquesta forma sempre es torna al tema del començament, no queda oblidat. La B és més contrastada. Moltes àries d'òpera o danses tenen aquesta forma.

- **Rondó A B A C A D...**

  És per a peces una mica més llargues. El tema principal, la A, no deixa de sentir-se. Per donar-hi varietat es va contrastant amb altres temes.

- **Forma estròfica**

  És la que té estrofes i tornades. Va molt bé per a les cançons amb lletra. L'estrofa va canviant de lletra i la tornada sempre repeteix la mateixa, així es recorda més.

  Hi ha cançons molt senzilles que no tenen tornada: solen explicar històries.

  Estròfica simple: **E E E E E ...**

  Estròfica amb tornada: **E T E T E ...**

El blog de la Martina

Ostres, em sap greu... No us havia dit res del concert que vam anar...

Als meus companys els va agradar! Els va impactar el fet de tenir davant tota una orquestra simfònica i també van gaudir de les composicions que tocaven.

Però jo em preguntava... Si no haguessin escoltat mai aquelles composicions a la classe de música o en algun altre lloc els haurien agradat igualment?

A mi, des de petita, m'han portat a concerts a l'Auditori, però hi ha vegades que m'he avorrit molt. Les composicions clàssiques són llargues, no són com les cançons d'ara, que amb tres minuts ja s'ha dit tot!

Quan anava a un concert m'agradava si es complien unes condicions:

–Si allò que escoltava **m'emocionava**. I això és molt personal... no?

–Si **m'explicaven** què és el que anàvem a escoltar i en què em podia fixar per entendre més aquella música: com era el ritme, com eren i com s'enllaçaven les melodies, quins instruments eren els solistes, la fama mundial que tenien els intèrprets, anècdotes del compositor...

Però, sobretot, m'agradava:

–Si **ja havia sentit** alguna vegada aquella música.

La MEMÒRIA és moooolt important per gaudir de la música. No us passa, a vosaltres, que la primera vegada que escolteu una cançó la gaudiu diferent que la segona o la tercera vegada que la sentiu? D'entrada et pot impactar, i això és fantàstic, però tanta novetat atabala el cervell... ha, ha!

Els compositors s'esforcen a donar forma a les composicions perquè estiguin ben organitzades i es puguin anar seguint i RECORDANT! Segons he pogut comprovar, d'entrada busquen una gran idea per al primer tema, és bàsic. Després busquen amb què contrastar-lo i poder-lo fer tornar a sortir i jugar amb aspectes rítmics, melòdics...

A nosaltres ens passa el mateix amb el grup: ens costa ordenar els temes que componem. A vegades tenim tantes idees que costa donar-los forma perquè els amics les puguin entendre, recordar... Normalment fem temes amb estrofa i tornada. La tornada procurem que sigui més enganxosa!

Competència artística

a) Què va impactar els amics de la Martina quan van anar al concert?
b) Quan escoltes música, notes com canvia el teu estat d'ànim?
c) Quins aspectes explicaven a la Martina perquè s'hi fixés i, així, s'ho passés més bé en un concert?
d) Què es recorda més de les cançons: l'estrofa o la tornada?
e) Què vol dir que un tema contrasta amb l'anterior?

Competència per aprendre a aprendre

a) Per què els amics de la Martina han gaudit de les obres del concert?
b) Tens facilitat per recordar les melodies de les cançons?

Competència en el coneixement i la interacció amb el món físic

El cervell processa tota la informació auditiva, emocional i intel·lectual.

a) Ordena les accions que fa el cervell a l'hora d'escoltar música:

RECORDA   ESCOLTA   GUARDA

Competència en comunicació lingüística

a) La Martina i els seus companys, on havien escoltat abans les composicions del concert?
b) Són igual de llargues les composicions clàssiques i les modernes?
c) Quant solen durar els temes moderns?

La veu és l'instrument que tots i totes portem a sobre. L'instrument som nosaltres mateixos.

La veu ens identifica quan parlem i quan cantem.

L'èxit de molts cantants està lligat al color de la seva veu.

Hi ha diferents tipus de veu, cadascú té la seva, però hi ha persones que tenen habilitats per disfressar-la i cantar amb diferents timbres, imitant altres cantants.

UNITAT 9

La veu

1. La veu

Què és la veu?
La veu és el so que emet el cos humà en forma de paraules o de música.

Quan sona la veu?
La veu sona quan posem en marxa l'aparell fonador, localitzat al cap i al tronc: els pulmons, les cordes vocals, les cavitats del cap i la boca.
El centre de control de la veu està situat a la laringe.
La sortida habitual del so és la boca, però també surt so pel nas.

Per què és important la veu?
La veu és important perquè permet comunicar-nos, amb paraules o cantant.
Cantar produeix plaer.
Escoltar el cant, també.

Com es fa la veu?

- **Emissió**
  La veu es fa amb la musculatura del diafragma: s'impulsa aire que surt dels pulmons cap a les cordes vocals. Les cordes vocals són uns músculs, com uns llavis molt flexibles que vibren obrint-se i tancant-se en passar l'aire.

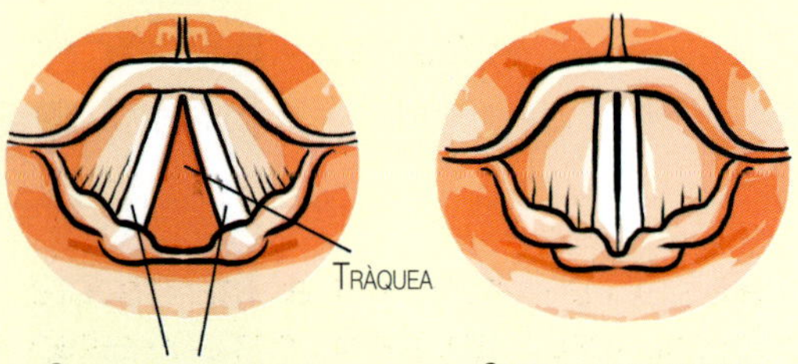

Cordes vocals obertes (durant la respiració) — Cordes vocals tancades (durant la fonació o deglució)

  La vibració de les cordes és molt fluixa, necessita ressonar a les cavitats del cap.
  Un cop amplificat, el so surt per la boca i es projecta.

- **Articulació**
  La boca articula els sons:
  amb la llengua i els llavis fa les consonants, i per fer les vocals la boca canvia de posició.

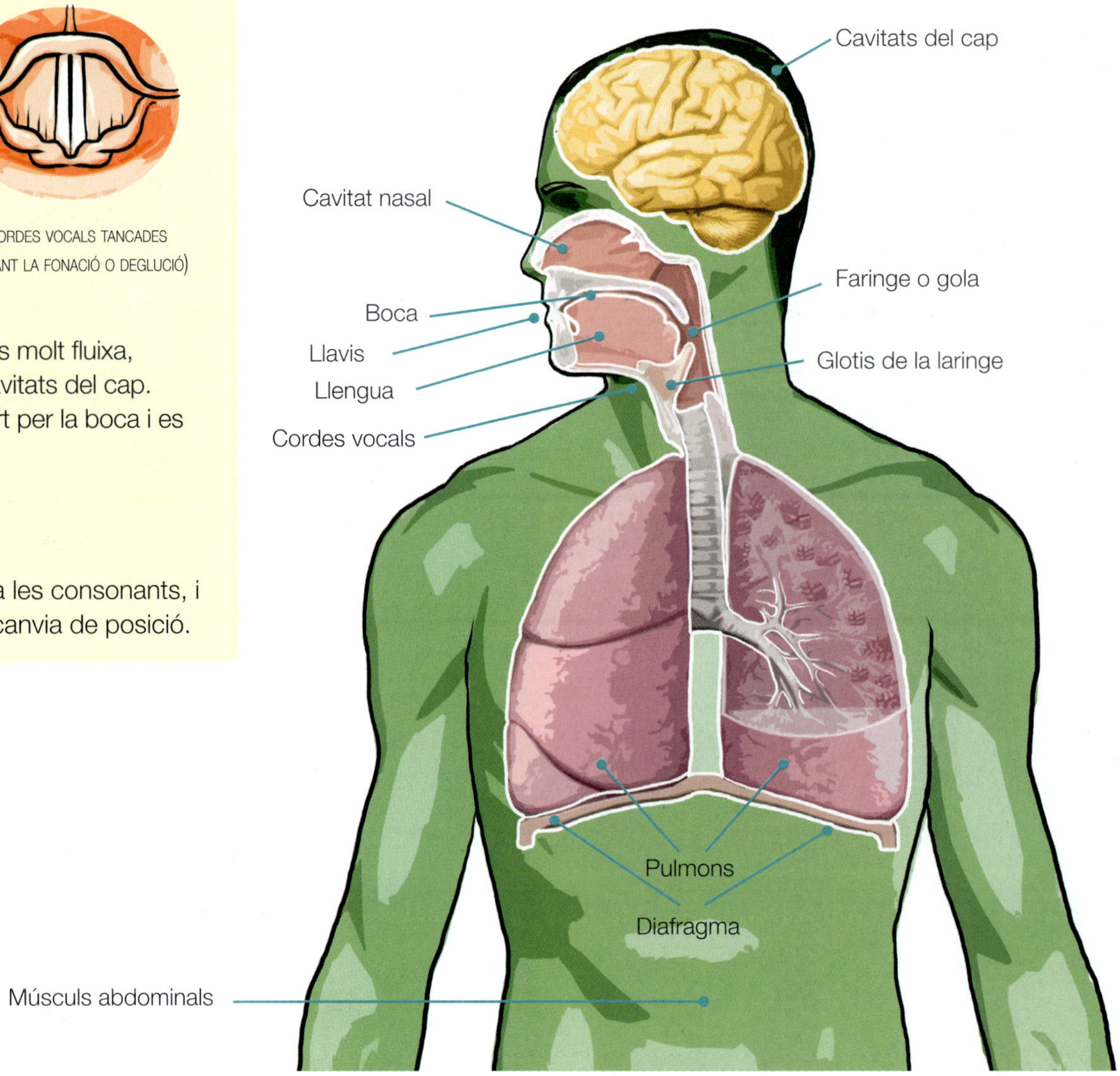

Activitats

1. Comprovació de l'aparell fonador

Diafragma

a) Digues la síl·laba *hop* diverses vegades amb les mans situades a sobre de l'estómac i veuràs com el diafragma i els músculs es mouen empentant l'aire cap amunt.

Pulmons

b) Buida els pulmons d'aire i intenta parlar: pots?

c) Omple els pulmons i digues la lletra *a* llarga fins que s'acabi l'aire. Què passa?

Glotis de la laringe

d) Posa't la mà a la nou del coll, anomenada *glotis*, i empassa saliva: veuràs que puja i baixa. A dins hi ha les cordes vocals.

Boca

e) Articula el so amb la llengua. Digues *laaa*, *taaa*, *saaa*, *paaa*, *raaa* observant com treballen la llengua i els llavis.

f) Digues les vocals *a*, *e*, *i*, *o* i *u* cantant i observa la col·locació de la boca. Quina vocal és més còmoda per cantar, la *a* o la *e*?

Cavitats del cap

g) Digues la síl·laba *mammm* amb la boca tancada. Veuràs que l'aire ressona per tot el cap. Posa't les mans sobre les galtes i observa com vibren. El nas fa pessigolles. Totes les cavitats del cap ressonen, però com que estan tancades dins el crani, només es percep a les galtes i el nas.

h) Digues la síl·laba *mammm* amb la boca tancada. Veuràs que l'aire ressona per tot el cap. Tapa't el nas. Què passa?

2. El color de la veu

Cada persona té una veu diferent, com també té un cos o una cara diferent. Els cossos humans són diferents per dins i per fora.

Activitats

2. Repertori de veus

A01 *El color de les veus. Mix*

a) Escolta l'audició i aixeca la mà quan sentis que canvia el color de la veu.

b) Escriu en quin ordre surten les veus considerant el color.

RONCA ALTERADA DIGITALMENT NASAL PLENA

3. La veu natural

La **veu natural** és la que tenim cadascú de nosaltres quan cantem.

La cançó *Up Where We Belong* va ser molt premiada i els cantants, també.

Activitats

3. Duets de veus naturals

A02 *Up Where We Belong*. J. Nitzsche / B. Sainte-Marie

a) Escolta el duet i aixeca la mà dreta quan sentis la veu de la cantant femenina i l'esquerra quan sentis la veu del cantant masculí.

b) Completa el musicograma amb la lletra de la cançó, indicant quan canta la veu femenina, la masculina o les dues juntes.

Introducció

Estrofa

Who knows what tomorrow brings?
In a world, few hearts survive.

All I know is the way I feel.
When it's real, I keep my pray alive.

The road is long.
There are mountains in our way.
But we climb steps every day.

Tornada

Love lift us up where we belong,
Where the eagles cry, on a mountain high.
Love lift us up where we belong,
Far from the world we know,
Up where the clear winds blow.

c) Com definiries el color de la veu del cantant masculí?

VEU RASPOSA   VEU CLARA

d) Quin instrument fa la introducció i acompanya?

e) Quina part és més rítmica, l'estrofa o la tornada?

4. La veu impostada

La **veu impostada** no ens surt automàticament quan cantem, s'ha de treballar:

- La veu impostada s'aconsegueix desenvolupant certes musculatures, com ho fan els esportistes.
- Per tenir potència de veu cal augmentar la capacitat pulmonar, enfortir el diafragma, treballar les cordes vocals i fer servir cadascuna de les cavitats del cap com a ressonadors-amplificadors.
- Si s'estudia cant, la veu sona plena i potent.

El cantant o la cantant canta des d'aquesta posició. Ho fa sense cap micròfon i sobre la sonoritat d'una orquestra simfònica, que, a més a més, el separa del públic!

Activitats

4. La impostació de la veu

a) Prova d'impostar una mica la veu. Et sortirà una veu impostada si imites els cantants d'òpera. El teu cos buscarà inconscientment la manera de fer-ho.

b) Fem-ho conscientment: prova primer de dir amb veu natural la lletra *o* llarga, tal com et surti.

c) Impostem-la: digues *ooooo* de la següent manera:
- Empenta l'aire amb força amb el diafragma, cap al cap.
- Relaxa el coll.
- Posa la boca rodona i ben gran.
- Fes sortir l'aire com si tinguessis un forat al front.

5. Escoltem una veu impostada

A03 *«Der Hölle Rache». La flauta màgica*. W. A. MOZART

«Der Hölle Rache» (*La venjança de l'infern*) és considerada com una de les àries de soprano més famoses de l'òpera. És ràpida i amenaçadorament grandiosa.

L'ària forma part del segon acte de l'òpera *La flauta màgica*. Representa un atac d'ira venjativa, en què la Reina de la Nit posa un ganivet a la mà de la seva filla Pamina i li diu que assassini Sarastro, rival de la reina. L'amenaça amb una maledicció si no ho compleix.

a) Llegeix el text de l'ària i veuràs la ràbia que sent aquesta dona.

b) Escolta una altra vegada l'enregistrament seguint la lletra. Ja l'havies sentit a la unitat de la melodia perquè és una melodia de registre agut.

Der Hölle Rache kocht in meinem Herzen,	La fúria de l'infern bull al meu cor!
Tod und Verzweiflung flammet um mich her!	La mort i la desesperació cremen en mi!
Fält nicht durch dich Sarastro	Si Sarastro no sent a través de tu
Todesschmerzen,	el dolor de la mort,
So bist du meine Tochter nimmermehr.	llavors ja no seràs mai més la meva filla.

c) Escolta-la seguint la partitura i fixa't quina potència de veu que té i quines notes més agudes fa impostant la veu.

5. Les tessitures de les veus humanes

La veu humana es classifica pel seu color i sobretot per la seva tessitura.

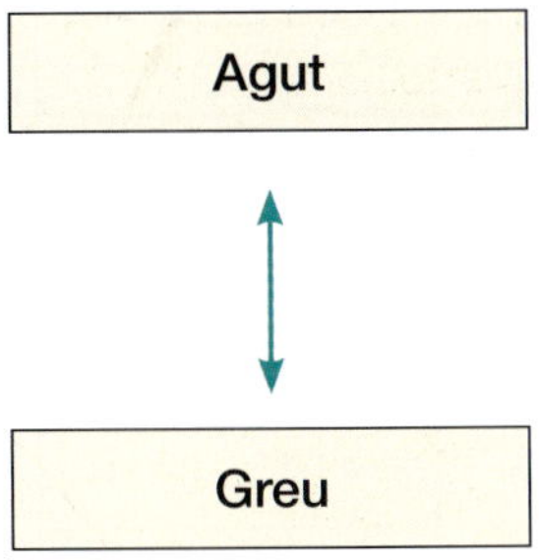

TESSITURES	COLOR
Soprano Mezzosoprano **Contralt**	Veus femenines / veus blanques
Tenor Baríton **Baix**	Veus masculines

Les **veus blanques** són les veus infantils, que encara no s'han diferenciat entre veus d'home i veus de dona.

Els cantants i les cantants poden ser solistes o cantar en un cor.

Si canten en un cor es poden distribuir de dues maneres a l'escenari.

La primera disposició és habitual quan canten *a cappella* i la segona quan canten amb una orquestra.

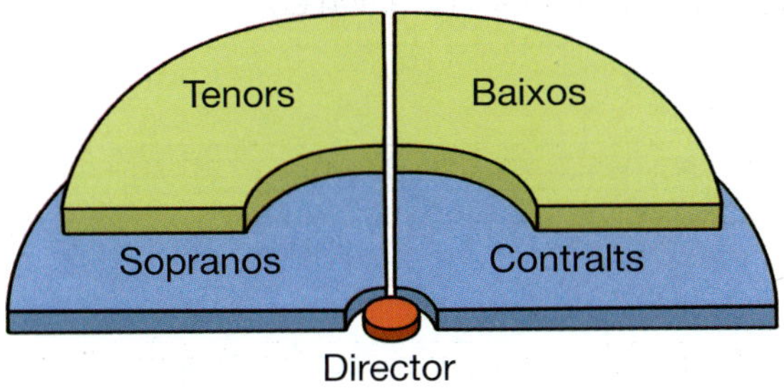

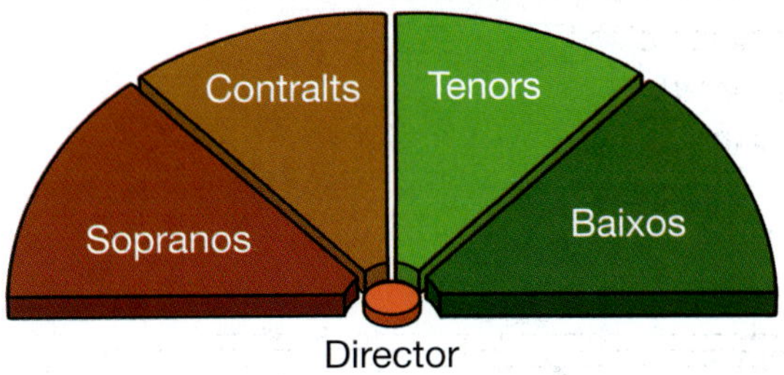

Activitats

6. Quatre tessitures

A04 «*Tuba Mirum*». *Rèquiem*. W. A. Mozart

a) Escolta i distingeix les quatre tessitures bàsiques. Primer fixa't si és home o dona i després si canta més agut o més greu. Escriu al musicograma l'ordre en què apareixen les diferents veus a l'audició.

b) Són veus naturals o impostades?

Baix				

c) Torna a escoltar l'audició i vés seguint amb un dit la partitura.

Tuba Mirum. Rèquiem

W. A. Mozart

6. Els cors

Els **cors** o **corals** són agrupacions de persones als quals els agrada cantar en comunitat. Hi ha cors professionals i cors amateurs.
Poden cantar:

- sols → *a cappella*
- amb acompanyament instrumental

Activitats

7. Cor amb acompanyament instrumental

A05 *Jesus bleibet meine Freude*. J. S. BACH

a) Quantes vegades apareix el cor i l'orquestra en aquest fragment?

Orquestra	Cor								

b) Observa primer la partitura de la melodia de la corda. En aquesta obra és tan protagonista com el cor. Quantes notes hi ha a cada pulsació de la melodia que fa l'orquestra? D'aquesta figura se'n diu *treset*.

c) Escolta el fragment seguint les interpretacions del cor. Hi ha la veu superior, la de les sopranos. Assenyala cada intervenció.

8. Conjunt vocal-instrumental

A06 *Do Re Mi*. Rodgers i Hammerstein

a) La proposta és aprendre aquesta cançó amb la veu i la flauta sobre l'enregistrament. La cançó *Do Re Mi* és la cançó més coneguda de la pel·lícula *The Sound of Music*, traduïda aquí com a *Somriures i llàgrimes*. A la semipartitura hi ha una proposta de com pot anar la cançó en forma d'esquema i a la partitura hi és tot.

b) Aquest tema té lletra, com totes les cançons, però la cantarem amb el nom de les notes.

c) Podeu posar-hi percussió o també tocar fragments amb els instruments de placa.

d) Busca un vídeo en què vegis una actuació d'aquesta escena. A la pel·lícula o al musical és més llarga, però aquest és un bon arranjament per fer a la classe.

e) Les notes escrites en color vermell són una segona veu amb notes llargues.

Noies flauta
Sol_ do_ la_ fa_ mi_do_ re (4)
Sol_ do_ la_ si_ do'_re'_ do'(4)

Tots i totes flauta
Sol_ do_ la_ fa_ mi_do_ re (4)
Sol_ do_ la_ si_ do'_re'_ do'(4)

Do re mi (piano)
Do re mi (totes les veus)
Do re mi fa sol la si (4) (solista o cor)

Flauta
Do_re mi_do mi do mi_
Re_mi fa fa mi re fa_ (4)
Mi_fa sol_mi sol mi sol_
Fa_ sol la la sol fa la_ (4)
Sol_do re mi fa sol la (4)_
La_re mi fa# sol la si (4)_
Si_mi fa# sol# la si do' (3)_
Do' si la fa si sol

Cantada amb el nom de les notes
Do_re mi_do mi do mi_
Re_mi fa fa mi re fa_ (4)
Mi_fa sol_mi sol mi sol_
Fa_ sol la la sol fa la_ (4)
Sol_do re mi fa sol la (4)_
La_re mi fa# sol la si (4)_
Si_mi fa# sol# la si do' (3)_
Do' si la fa si sol Do'

Veus o flautes
Do re mi fa sol la si do'
Do' si la sol fa mi re

Flautes dos grups
Do mi mi_ mi sol sol_
Re fa fa_ la si si_
Do mi mi mi sol sol
Re fa fa la si si (X4 un grup, l'altre segueix)

Sol_ do_ la_ fa_ mi_do_ re (4)
Sol_ do_ la_ si_ **do'_re'_ do'** (4) (en negreta ho fan els dos grups)

Flautes i veus
Do_re mi_do mi do mi_
Re_mi fa fa mi re fa_ (4)
Mi_fa sol_mi sol mi sol_
Fa_ sol la la sol fa la_ (4)
Sol_do re mi fa sol la (4)_
La_re mi fa# sol la si (4)_
Si_mi fa# sol# la si do' (3)_
Do' si la fa si sol Do'

Do re mi fa sol la si do' SOL DO'

Do re mi

Rodgers & Hammerstein

9. Les veus blanques

A07 *Caresse sur l'océan*. B. Coulais

> *Les Choristes* (El nois del cor) és una bonica pel·lícula que reflecteix el que passa habitualment a la classe de música quan s'interpreta conjuntament una cançó o un tema instrumental. La música uneix i fa que tots ens hi trobem molt bé.
> La pel·lícula ens mostra aquest fet amb l'aparició en un internat molt rígid d'un professor com el que a tots ens agrada tenir: una persona que procura comprendre les necessitats, les dificultats i les emocions dels alumnes. Una persona que actua amb fermesa, però amb respecte. L'alumnat que surt a la pel·lícula, en la realitat, són els cantaires d'un cor de veus blanques (nois que encara no han canviat la veu). Les músiques de Coulais són esplèndides, amb melodies molt boniques que alternen trossos solistes amb fragments a dues o tres veus.

a) La proposta és aprendre la cançó, interpretar-la amb la flauta sobre l'enregistrament o sobre les peces enregistrades pels nens.
   La cançó *Caresse sur l'océan* té dificultats de mesura, cal respectar les pulsacions de silenci. A la semipartitura, la durada dels valors llargs s'indica amb uns nombres entre parèntesis.

b) Busca un vídeo en què vegis una actuació d'aquest cor en directe. Pots tocar la flauta mentre ells canten.

A
la (3)__ do' si♭ do' sol fa sol (4)___
sol (3)__ si♭ la sol fa mi fa (3)__
re__ mi fa sol fa (2)_ mi re sol (3)__
la (3)__ do' si♭ do' sol fa sol (4)___
re' (3)__ do' si♭ la sol fa re' re (3)__
re fa sol fa la (2)_ sol (2)_

B
re mi fa mi fa mi fa sol
fa mi fa mi mi fa sol la
la sol la sol la sol la do'
sol fa sol fa la sol la sol re' (2)_
(4 pulsacions de silenci)

A
la (3)__ do' si♭ do' sol fa sol (4)___
sol (3)_ si♭ la sol fa mi fa (3)__
re__ mi fa sol fa (2)_ mi re sol (3)__
(4 pulsacions de silenci)
la (3)__ do' si♭ do' sol fa sol (4)___
re' (3)__ do' si♭ la sol fa re' re (3)__
re fa sol fa la (2)_ sol (2)_

B
re mi fa mi fa mi fa sol
fa mi fa mi mi fa sol la
la sol la sol la sol la do'
sol fa sol fa la sol la sol re' (2)_
fa' mi' re' do' si♭ do' re'
la (2)_ sol (2)_(*rit*) fa______

Caresse sur l'océan

B. Coulais

10. *A cappella*

V01 *Vocal music*

The Voca People.

a) Mira el vídeo i fixa't que no hi ha cap instrument. Es tracta d'un grup vocal amb tots els registres de veu, des de la més aguda fins a la més greu.

b) Busca informació a Internet sobre aquest grup musical. D'on són? Quin estil de música fan?

c) Què és el *beatboxing*? Busca vídeos d'aquesta manera de antar.

Resum de la unitat

La veu

La veu és el so que emet el cos humà en forma de paraules o de música.
La veu permet comunicar-nos, amb paraules o cantant.
La música amb les paraules encara és més expressiva.

La fisiologia de la veu

La veu sona quan posem en marxa l'aparell fonador, localitzat al cap i al tronc. Té les parts següents:

- Pulmons
- Cordes vocals
- Cavitats del cap
- Boca

El centre de control de la veu és a la laringe.
La sortida habitual del so és la boca, però també surt so pel nas.

- **Emissió de la veu**

Amb la musculatura del diafragma s'impulsa aire, que surt dels pulmons cap a les cordes vocals. Aquestes cordes són com uns llavis molt flexibles que vibren obrint-se i tancant-se en passar l'aire.
La seva vibració és molt fluixa, i per això necessita ressonar a les cavitats del cap. Un cop amplificat, el so surt per la boca i es projecta.

- **Articulació dels sons**

La boca articula els sons de la manera següent:

- Amb la llengua i els llavis, fa les consonants.
- La boca canvia de posició per fer les vocals.

La veu natural i la veu impostada

La veu natural és la que tenim cadascun de nosaltres quan cantem.
La veu impostada no surt automàticament, s'ha de treballar perquè soni plena i potent: augmentant la capacitat pulmonar, enfortint el diafragma, treballant les cordes vocals i fent servir cadascuna de les cavitats del cap com a ressonadors amplificadors.

Les tessitures de les veus

Les veus es classifiquen pel seu registre, segons si són agudes o greus.

- Les veus de dona són: soprano (aguda) i contralt (greu).
- Les veus d'home són: tenor (aguda) i baix (greu).

Els cors o corals

Els cors o corals són agrupacions de persones a les quals els agrada cantar en comunitat. Hi ha cors professionals i cors amateurs. Poden cantar sols (*a cappella*) o amb acompanyament instrumental.

El blog de la Martina

La veu, *That Wonderful World*!

L'àvia, quan em sent cantar, em diu: «Ai, Martina..."Qui canta els seus mals espanta"». Abans, jo pensava: «Quins mals espanta el fet de cantar?». No sabia què volia dir l'àvia amb aquesta expressió!

Però un dia ho vaig veure clar. Estava una mica trista perquè havia tingut un problema amb una amiga i després tenia coral. Allà vam assajar un tema nou, *a cappella*. Em va agradar molt i vaig cantar com una boja. Resultat: em va passar totalment el mal rotllo!

Això que l'instrument sigui el propi cos és fantàstic: allibera les tensions!

Al grup m'agrada cantar, tot i que també toco el teclat. M'agrada cantar perquè m'expresso amb el propi cos, em sento lliure. A més a més, m'agrada escriure lletres per a les cançons que anem component. La música amb la lletra és més expressiva, perquè la veu pot fer dues funcions, la musical i la poètica!

Cantant també he après molt anglès perquè em queda la pronunciació de les paraules i la construcció de les frases. Sempre busco la traducció per saber què diu exactament i poder expressar-ho amb la veu. Al grup fem versions d'altres grups i em fixo en les diferents veus dels cantants que versionem.

Em sembla que la veu deu ser l'instrument més antic. He llegit que cantar i picar van ser les primeres mostres de música...

Abans cantava en una coral de nens i nenes, però ara canto en una coral només per a noies. És un moment difícil per als nois, no canten gaire bé. Els creix la laringe molt més que a les noies i durant una temporada tenen una veu molt irregular, els surten galls, que són com fallades de la veu. Total: que l'any que ve cantaré a la coral dels grans perquè ja tinc la veu molt formada i diuen que seré soprano.

Jo em cuido la veu: no prenc begudes gaire fredes ni gaire calentes, procuro no cridar i porto mocadors de coll i bufandes a l'hivern.

L'any passat, pel meu aniversari, em van comprar un micro bastant bo. Amb el grup tenim una taula de so on puc connectar el micro i així no he de cridar. Al començament no teníem de res i m'espatllava la veu cantant tan fort. Ara tenim un equip amb dos altaveus autoamplificats, la taula i el meu micro. El guitarrista també en té un i així podem fer la melodia i una segona veu.

Competència en comunicació lingüística
a) Havies sentit mai la frase «Qui canta els seus mals espanta»? On?
b) Per què la Martina ja cantarà aviat a la coral dels grans?
c) Per què la música cantada és més expressiva?
d) Quin idioma ha millorat la Martina cantant?

Competència per aprendre a aprendre
a) Per què li agrada cantar a la Martina?
b) Quina activitat t'ajuda a alliberar tensions?
c) Com aprèn a cantar la Martina els temes que fan amb el grup: té un professor o imita els altres cantants?

Competència tecnològica
a) Quin equip de música tenen al local d'assaig?
b) Per què és necessari tenir un micròfon si cantes en un grup?

Competència en el coneixement i la interacció amb el món físic
a) Com es cuida la veu, la Martina?
b) Per què els nois tenen una veu irregular a l'adolescència?

Competència artística
a) Què vol dir que a la coral van assajar un tema *a cappella*: que ho van fer amb instruments o sense?
b) Quin o quina cantant t'agrada més?
c) Què vol dir *cantar a veus*: cantar fort o cantar dues melodies diferents alhora?

A la nostra cultura, la música popular s'ha perdut molt, tot i que s'està recuperant a poc a poc.

Hi ha territoris en altres continents que la conserven i encara és la seva música preferida.

De totes maneres, la música popular de cada país ha evolucionat i en queden trets en la música moderna d'ara: un exemple és la música de Bollywood, la música celta, la del Marroc...

UNITAT 10

Músiques del món

1. La música tradicional
2. Música tradicional a Europa
3. Música tradicional a Amèrica
4. Música tradicional a l'Àsia
5. Música tradicional a l'Àfrica
6. Música tradicional a Oceania

Resum de la unitat

Competències bàsiques

1. La música tradicional

Què és la música tradicional o folklòrica? → És la música pròpia de cada país o zona geogràfica.

Com és la música tradicional? →
- És una música del poble i per al poble. És senzilla i sol tenir melodies molt enganxoses i repetitives que es toquen amb pocs instruments.
- És una música de transmissió oral que ha anat passant de generació en generació. Normalment l'autor és anònim.

Quan es toca la música tradicional? →
- Abans era l'única que s'escoltava en cada territori.
- Ara, amb la globalització, la música folklòrica es toca en festes populars i en concerts especialitzats a tot el món.
- Hi ha països que, per la seva evolució, no han estat tan contaminats per la música moderna occidental i encara conserven la música tradicional viva i formant part de les seves vides: als casaments, cercaviles...

Qui toca música tradicional? →
- Toquen música tradicional músics aficionats o intèrprets especialitzats que són de la terra.
- A molts llocs d'arreu del món hi ha entitats socials i culturals que tenen un grup musical que toca i balla música del país o de la zona.
- També hi ha compositors que fan servir melodies o ritmes típics de la música tradicional per compondre obres originals. S'inspiren en la música popular.

Per què es toca música tradicional? →
- Perquè no es perdi, com a acte d'amor a la terra on s'ha nascut.
- Perquè les cultures que la conserven viva la toquen per les seves festes i rituals.

Activitats

1. Un passeig pel món

A01 *Músiques del món. Mix*

a) Llegeix les descripcions de com és cada tipus de música.

b) Escriu en quin ordre apareix a l'audició la música de cada país.

- ☐ **Estats Units:** peça vocal amb acompanyament harmònic de tres acords. Un avantpassat del rock.
- ☐ **Irlanda:** dansa en compàs 6/8. Tres instruments entren de manera esglaonada interpretant la melodia i després s'hi afegeix la resta fent l'acompanyament.
- ☐ **Marroc:** una línia melòdica amb acompanyament de percussió.
- ☐ **Guinea:** grup de percussió integrat per instruments de membrana com congues, djembé, tam-tam i petita percussió.
- ☐ **Índia:** instrument de corda que dialoga amb diferents instruments de percussió.
- ☐ **Austràlia:** solo d'instrument de vent.

2. Música tradicional a Europa

La música tradicional europea és rica i variada, però està poc viva, ja que la música moderna se l'ha menjada. En trobem d'estils molt variats: rondalles, cançons de treball, melodies de desenganys amorosos, cançons de festa...

Activitats

2. Cançó tradicional

A02 *La dama d'Aragó*. Popular

a) Aquesta cançó ens explica una escena quotidiana de la vida d'una reina, quan la pentinen. Mira la partitura: és una cançó senzilla, però s'ha d'estudiar bé la quarta línia de la semipartitura, ja que hi ha canvis de posició ràpids que s'han de memoritzar.

b) Toca la cançó sobre l'acompanyament. Observa que hi ha canvis de compàs.

Estrofa
sib la /sol sib la sol /la la
sib la /sol sib la sol /la__
sib do' /re' re' do' sib /re' do'
sib la /sib re' do' sib /la do' sib la
sol sib la sol /fa# re sib do' /re' re'
do' sib /la do' sib la /sol___

x4

La dama d'Aragó

Popular

Sa mare la pentinava
amb un pinteta d'or;
sa germana li trenava
el cabells de dos en dos.
Ai, amorosa Anna Maria,
robadora de l'amor, ai, de l'amor

Cada cabell, una perla,
cada perla, un anell d'or;
cada anell d'or una cinta
que li volta tot el cos.
Ai, amorosa Anna Maria,
robadora de l'amor, ai, de l'amor

–I qui és aquesta dama
que llença tal resplendor?
–Filla n'és del rei de França
germana del d'Aragó.
Ai, amorosa Anna Maria,
robadora de l'amor, ai, de l'amor

3. Cançó de protesta italiana

A03 *Bella Ciao*. Popular

a) És una cançó italiana que protesta per una invasió. Escolta l'enregistrament per conèixer la cançó. Mira i toca la partitura del tema.

b) Toca la melodia sobre l'enregistrament.

Intro	Tema	Tema	Variacions	Tema

() mi la si do' la_
() mi la si do' la_
() mi la si do'_ si la do'_ si la mi' mi' mi'
() mi' re' mi' fa' fa'
() fa' mi' re' mi' mi'
() mi' re' do' si mi' do' si la__

c) Acompanya-la amb l'acompanyament rítmic proposat o amb el que t'inventis.

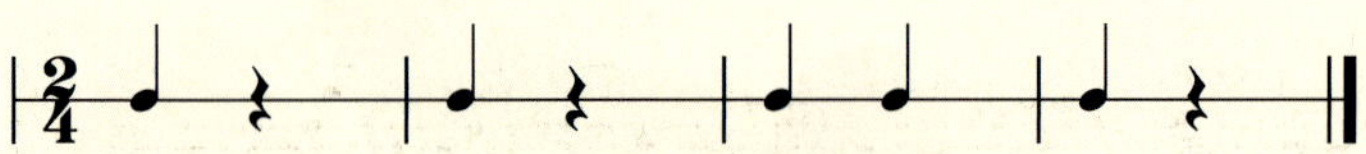

Bella Ciao

Popular

4. Cançó tradicional d'Israel

A04 *Dona, dona.* Israel

a) Aquesta cançó d'Israel la va popularitzar la cantant americana de pare mexicà Joan Baez. Toca-la sobre l'enregistrament. És interessant que un petit grup de vosaltres faci la segona veu de la partitura.

b) Observa l'estructura.

Introducció (2c)	Estrofa	Tornada	Estrofa	Tornada

Estrofa (més melòdica)

si mi fa# sol la / si mi fa# sol la / () si mi do' si la / sol la si__
si mi fa# sol la / si mi fa# sol la/ () si mi do' si la / sol fa# mi__

() re'_ re' re' do'/ si la sol_ sol/ la_ la re' do'/ si (4)_____
() la_ la la la/ sol fa# mi_ mi / fa#_ fa# la la / sol fa# mi_
() re'_ re' re' do'/ si la sol sol la / si_ la sol fa# / mi (4) ___
() la_ la la la/ sol fa# mi mi fa#/ fa#_ fa# re# re# / mi (4)____

Tornada (més rítmica)

fa# fa# fa# fa# la_ la / sol la si (3__)/ la la la la re' re'do' / si (4)___
re# re# re# re# fa#_fa#/ mi fa# sol(3)_/ fa# fa# fa# fa# la la sol/ sol fa# mi_
fa# fa# fa# fa# la_ la / sol la si___(3)/ si fa# sol la sol fa# / mi (4)___
re# re# re# re# fa#_fa#/ mi fa# sol(3)_/ fa# re# mi fa# mi re#/ mi (4)___

Dona, dona

Popular d'Israel

3. Música tradicional a Amèrica

Amèrica és un continent que té quatre zones molt diferenciades, amb música molt diferent, depenent de les tribus que poblaven la zona, dels invasors europeus i de la rebuda dels esclaus de l'Àfrica.

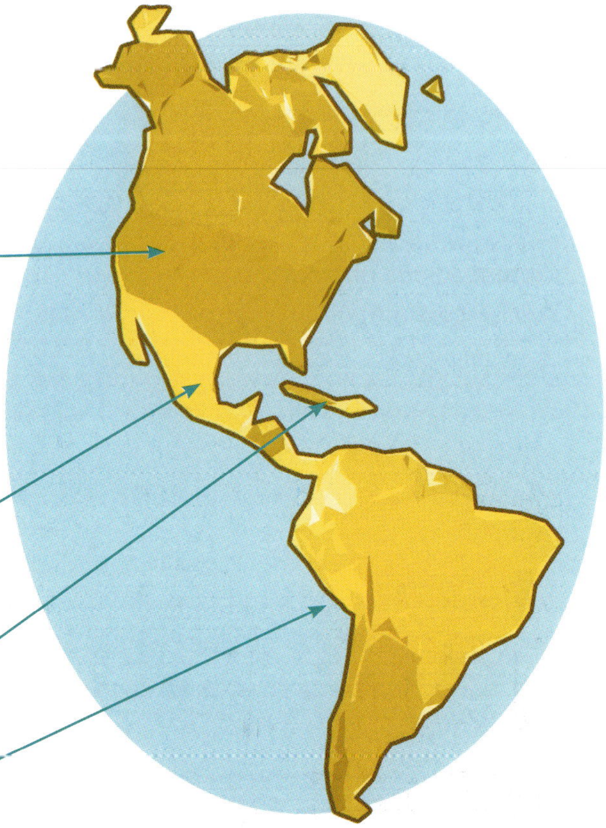

Amèrica del Nord. Al Canadà i els EUA és on es conserva una part de la música dels indis. És la música dels nadius que hi havia abans de la colonització dels europeus. La colonització va ser tan forta que la música dels indis va quedar molt perduda, però es manté a les reserves. Al nord hi ha més influència de la música celta dels pobladors d'Irlanda. Al sud dels EUA va sorgir el jazz perquè hi van haver molts més esclaus i van portar música més rítmica de l'Àfrica.

Mèxic. Té la música dels asteques, que es toca amb flautes i percussió, però que va quedar totalment europeïtzada amb l'arribada dels espanyols. Actualment la música més popular són els *corridos*, que és una mena de pasdoble més rítmic.

La música del Carib. Té una música molt rítmica i emocional que està influenciada per la música africana dels esclaus.

Amèrica del Sud. Té una música molt marcada per la música melòdica dels Andes, a l'oest, i la música més rítmica de l'est.

Activitats

5. Nord-amèrica

A05 *Música dels apatxes*

a) Escolta l'audició seguint l'estructura amb el dit.

a	a	b	a

b) Hi ha tres rodes de l'estructura. La primera la fa el solista o el cor?

c) Percudeix el ritme de la partitura sobre l'audició.

d) Percudeix un altre acompanyament: un o una de vosaltres acompanya tota la primera roda amb rodones, la segona amb blanques i la tercera amb negres.

e) Si us atreviu podeu fer polirítmies. Amb la mà dreta piqueu el ritme de la partitura i amb l'altra mà les rodones, blanques i negres segons cada roda.

6. Sud-amèrica, Bolívia

A06 *Vuela palomita*. H. LEMA

a) Completa el musicograma indicant si l'instrument que porta la melodia en cada secció és la veu o la flauta.
b) La CODA consisteix en la repetició de la melodia A o la B? És més lenta o més ràpida?
c) Toca la B sobre l'enregistrament o segueix la partitura d'aquesta bonica melodia boliviana.

Estructura	Intro	A	B	B	Coda
Compassos					
Anàlisi tímbrica					

Les quenes són flautes molt senzilles de diferents mides.

7. Música al Brasil (1)

V01 *Xoro del Brasil.* Tradicional

El xoro és una música tradicional del Brasil. És la més occidental i nova de les moltes músiques tradicionals que té aquest país. Hi ha d'altres ritmes, com la samba, que són més antics.

El xoro és melòdic i també molt rítmic. És difícil de tocar perquè la pulsació és molt ràpida. Hi ha un instrument solista i acompanyament.

a) Mira el vídeo. És una gravació domèstica d'un xoro del Brasil feta per uns nois dels Andes.
b) Quins instruments surten? Quin fa la melodia i quin la segona veu?
c) Observa l'ordinador. Té un programa musical amb les bases rítmiques i harmòniques.

8. Música al Brasil (2)

A07 *Samba*. Tradicional

a) Escolta l'audició.
b) Ordena els passos per iniciar una samba.
   - ☐ Entrada de les veus.
   - ☐ Crides de percussió amb preguntes i respostes rítmiques.
   - ☐ Tot el grup de percussió.

4. Música tradicional a l'Àsia

L'Àsia és un continent molt gran i amb cultures, religions, músiques i menjars molt diferents.

A la part de l'est, la part més propera al Mediterrani, hi ha els països que fan música amb escales de molts sons.

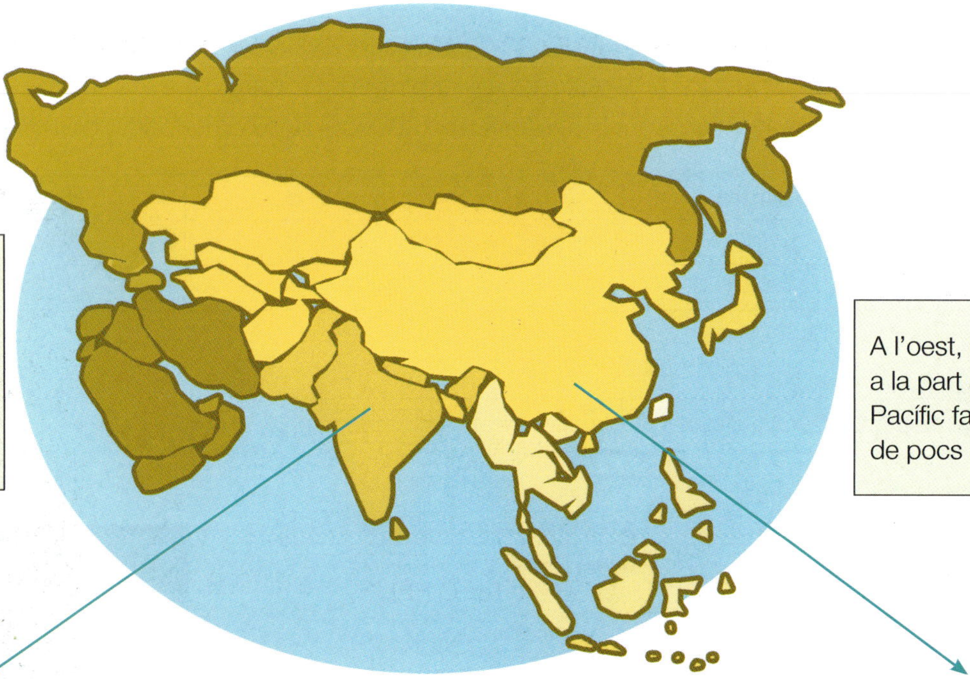

A l'oest, a l'Extrem Orient, a la part asiàtica de l'oceà Pacífic fan servir escales de pocs sons.

Activitats

9. Proper orient o llunyà orient?

A08 *Mix asiàtic*. Popular

a) Escolta l'audició. Hi ha un fragment de música hindú, un d'un país àrab i un de xinès.

b) Digues en quin ordre apareixen les músiques dels següents països:

L'ÍNDIA PAÍS ÀRAB LA XINA

10. El Japó i els cirerers florits

A09 *Sakura*. Tradicional japonesa. (Una mica més ràpida.)

a) La música de l'Extrem Orient és relaxant i delicada. Aquesta cançó ens parla de quan floreixen tots els cirerers i el Japó es converteix en un jardí. Escolta l'enregistrament.

b) Toca-la sencera sobre la base enregistrada. Pots posar-hi instruments de placa alternant amb la flauta.

INTRO
la la si_ la la si_
mi fa la si re' mi'_ mi_

TUTTI
la la si_ la la si_
la si do' si la si la fa_
mi do mi fa mi mi do mi_
la si do' si la si la fa_
mi do mi fa mi mi do mi_
la la si_ la la si_ mi fa
si la fa mi___

SOLO
la la si_ la la si_
la si do' si la si la fa_
mi do mi fa mi mi do mi_

TUTTI
la si do' si la si la fa_
mi do mi fa mi mi do mi_
la la si_ la la si_
mi fa si la fa mi___

CODA (DUES VEUS)
la la la_ mi'____
mi mi mi_ la____

Sakura

Tradicional japonesa

5. Música tradicional a l'Àfrica

L'Àfrica és un gran continent amb músiques molt diferenciades i molt riques en ritmes. Hi ha molts tipus d'instruments de percussió fets amb fusta i d'altres amb membranes, amb la pell dels animals tensada.

L'Àfrica, però, té un gran problema: la pobresa. Molts músics occidentals han fet concerts amb músics africans per donar a conèixer la música de les diferents zones i tribus. També han mostrat al món el gran problema polític i econòmic que viu l'Àfrica.

Activitats

11. Música contra el racisme

V02 *Asimbonanga*. J. Clegg

Savuka, Johnny Clegg i Nelson Mandela.

Johnny Clegg és un músic i antropòleg que ha reunit a la seva banda músics blancs i músics zulus. Això ha fet que l'arrestessin, ja que durant molts anys va estar prohibit el contacte entre blancs i negres a Sud-àfrica.

Clegg ha estat amic de Nelson Mandela, el gran lluitador pels drets dels negres al seu país. Mandela va estar empresonat 27 anys a l'illa de Robben. El van alliberar el 1990 i va convocar eleccions democràtiques. Ha estat un polític admirat arreu del món.

a) Mira el vídeo. És un recull d'imatges de quan va sortir Nelson Mandela de la presó i els ciutadans negres i els blancs de Sud-àfrica ja no van haver de viure més separats.
b) Busca la cançó a Internet, la pots escoltar i cantar sencera.
c) Fixa't en els idiomes: la tornada està en zulu, en quin idioma estan les estrofes?
d) En quin lloc canten a dues veus, a l'estrofa o a la tornada?

Tornada

Asimbonanga	(No l'hem vist)
Asimbonang' uMandela thina	(No hem vist Mandela)
Laph'ekhona	(Al lloc on és)
Laph'ehleli khona	(Al lloc on està captiu)

Estrofa 1
Oh the sea is cold and the sky is grey
Look across the island into the bay
We are all islands till comes the day
We cross the burning water

Tornada ...

Estrofa 2
A seagull wings across the sea
Broken silence is what I dream
Who has the words to close the distance
Between you and me

Tornada...

«L'educació és l'arma més poderosa que pots fer servir per canviar el món.»

Nelson Mandela

e) Busca vídeos de música africana. Veuràs la riquesa de les percussions.

6. Música tradicional a Oceania

Oceania és un continent molt escampat. Hi ha la música d'Austràlia, amb el seu instrument característic, el didjeridú, i la de totes les illes. A les illes les melodies són molt dolces i amables.

Activitats

12. Treball d'investigació, el didjeridú

a) Busca vídeos i documentació visual i escrita on aparegui un didjeridú i fes-ne una fitxa tècnica.

b) Pots fer una presentació informàtica o un full escrit a mà amb les informacions següents i un dibuix:

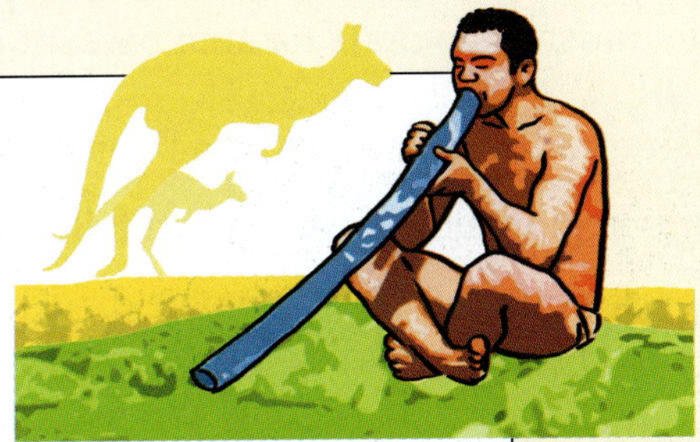

Nom: ....

País de procedència: ....
Forma: allargada, plana, rodona, quadrada...
Mida: gran o petit
Com es produeix el so: percudint, bufant, fregant...
Tipus de melodia que fa habitualment: melodies amb altures molt variades o melodies planes, etc.
Intensitat: es manté regular o és molt variable?
Com es construeix?: ....

13. Música melòdica de la Polinèsia

A10 *Pokarekare Ana*. Tradicional maori

a) Escolta la cançó seguint la lletra. Fixa't en el seu caràcter dolç i sensual. La podeu cantar.

b) Assenyala quan sentis que hi ha dues veus fent harmonia que contesten la veu solista.

c) Quin instrument acompanya les veus?

Pōkarekare ana, ngā wai o Waiapu Whiti atu koe hine, marino ana e	The waves are breaking, against the shores of Waiapu, My heart is aching, for your return my love.	Les onades estan trencant, contra les costes de Waiapu, El meu cor està adolorit, esperant el teu retorn, amor meu.
E hine e, hoki mai ra, ka mate ahau i te aroha e.	Oh my beloved girl, come back to me, I could die of love for you.	Oh, la meva noia estimada, torna amb mi, em moro d'amor per tu.
Tuhituhi taku rita, tuku atu taku rīni Kia kite tī iwi, raruraru ana e.	I have written you a letter, and enclosed with it my ring, So your people could see it how much I'm troubled for you.	T'he escrit una carta, i hi he posat el meu anell, Perquè la teva gent pugui veure com em preocupo per tu.
E hine e, hoki mai ra, ka mate ahau i te aroha e.	Oh my beloved girl, come back to me, I could die of love for you.	Oh, la meva noia estimada, torna amb mi, em moro d'amor per tu.

Resum de la unitat

La música tradicional

La música tradicional és la pròpia de cada país o zona geogràfica. Es toca música popular perquè no es perdi, com a acte d'amor a la terra on s'ha nascut. Les cultures que la conserven viva la toquen per les seves festes i rituals.

Aquest tipus de música té en comú les següents característiques:

- És una música del poble i per al poble. És senzilla perquè la toquen o tocaven persones que normalment no són professionals.
- Sol tenir melodies molt enganxoses i repetitives i és tocada per pocs instruments.
- És de transmissió oral i ha anat passant de generació en generació. Normalment l'autor és anònim.

La música tradicional, abans, era l'única que s'escoltava en cada territori.

Ara, amb la globalització, la música folklòrica es toca en festes populars i en concerts especialitzats.

Hi ha països que, per la seva evolució, no han estat tan contaminats per la música moderna occidental i encara conserven la música tradicional viva i formant part dels seus costums.

Els intèrprets

Els intèrprets de música tradicional són grups o intèrprets especialitzats que són de la terra. A molts llocs d'arreu del món hi ha entitats socials i culturals que tenen un grup musical que toca i balla música del país o de la zona.

També hi ha compositors que fan servir melodies o ritmes típics de la música tradicional per compondre obres originals. S'inspiren en la música popular.

Música tradicional als continents

- **Europa:** La música tradicional és rica i variada, però en alguns països està poc viva, ja que la música moderna se l'ha menjada. En trobem d'estils molt variats: rondalles, cançons de treball, melodies de desenganys amorosos, cançons de festa...

- **Amèrica:** És un continent que presenta zones molt diferenciades, amb música molt diferent depenent de les tribus de cada zona, dels invasors europeus i de la rebuda dels esclaus de l'Àfrica.

- **Àsia:** És un continent molt gran i amb cultures, músiques, menjars i religions molt diferents.
  - A la part de l'est, la part més propera al Mediterrani, hi ha els països que fan música amb escales de molts sons.
  - A l'oest, a l'Extrem Orient, a la part asiàtica de l'oceà Pacífic, fan servir escales de pocs sons.

- **Àfrica:** És un gran continent amb músiques molt diferenciades i molt riques en ritmes.

- **Oceania:** És un continent molt escampat. Hi ha la música d'Austràlia, amb el seu instrument característic, el didjeridú, i la de totes les illes, amb melodies molt dolces i amables.

El blog de la Martina

Ui... d'aquí poc, l'estiu!

Ja tinc ganes que arribi perquè cada any fan un festival de música tradicional al poble on estiuejo. És la meva distracció musical de l'estiu!

Aquest any estic supercontenta perquè hi participem amb el nostre grup! Quina emoció! Em poso en cada embolic...

Cada cap de setmana de juliol hi haurà música tradicional de diferents estils.

El festival l'organitza una associació cultural que impulsa el coneixement de la música tradicional. La mostra va començar amb grups d'aquí, però cada vegada s'ha anat ampliant i ara hi participen grups d'altres llocs que també actuen en altres festivals del país. Aquest any vindrà una coral de Moscou i un grup de flautes de Lima.

No hi ha gaire pressupost, és una llàstima, però l'Ajuntament hi posa la tarima, l'equip de so, l'equip de llums, les cadires del públic, els cartells anunciadors i el 30 % del cost dels grups. L'associació busca empreses que facin de patrocinadors i també cobra una mica d'entrada. Els socis hi entrem gratuïtament.

Tots i totes els que hi participem som aficionats a la música: de fet, només dos grups dels que vénen aquest any són professionals. Aquests els paga l'Ajuntament!

Amb el meu grup fem adaptacions de temes tradicionals, però amb un aire més d'ara. Alguns temes els transformem en rock i altres en reggae. També hi posem bases i efectes electrònics.

L'especialista en música popular és el baixista. És un noi curiós. Per un costat ja us he explicat que és un pirat de la música electrònica, però per un altre costat també li agrada molt la música popular.

Ens hem de posar a assajar de valent perquè no tenim gaires temes: mig concert el fem nosaltres i mig un altre grup. Són un grup de joves amb el qual hem fet dos concerts junts.

Desitgeu-me sort... Bufff... Em vindran a veure tots els amics i amigues del poble!

Companys, companyes... bon estiu! I...

VISCA LA MÚSICA!

Competència matemàtica

a) Si el cost total del festival és de 30 000 euros, quants euros hi posa l'Ajuntament?
b) Si cada entrada val 10 euros, quant es recaptarà per entrades si en total al festival hi van 1 600 persones, però 300 són socis?
c) Quants euros hi posen els patrocinadors?

Competència en comunicació lingüística

a) Quan fan el festival de música tradicional al poble de la Martina?
b) Els grups que hi participen són professionals o la majoria són aficionats?

Competència social i ciutadana

a) Per què creus que una empresa privada dóna euros per fer un espectacle cultural?
b) Quin tipus d'associació organitza el festival de música tradicional: cultural o esportiva?

Competència en el coneixement i la interacció amb el món físic

a) De quin país és la coral que participa al festival de música tradicional?
b) I el grup de flautistes, de quin país és?

Competència tecnològica

a) Qui paga el lloguer de l'equip de so?
b) Quins aparells creus que té un equip de so?

Competència artística

a) Quins estils de música agraden al baixista?
b) El grup de la Martina fa versions de música tradicional posant ritmes d'altres estils. De quins?

Competència per aprendre a aprendre i competència d'autonomia i iniciativa personal

a) Diries que la Martina és una noia autònoma? Per què?
b) T'agradaria tocar en un grup de música? Quin instrument? Quin estil de música?

Apèndix

Tabulatura de flauta

Tabulatura: on trobar les notes

● Forat tancat ○ Forat obert ◒ Forat semiobert

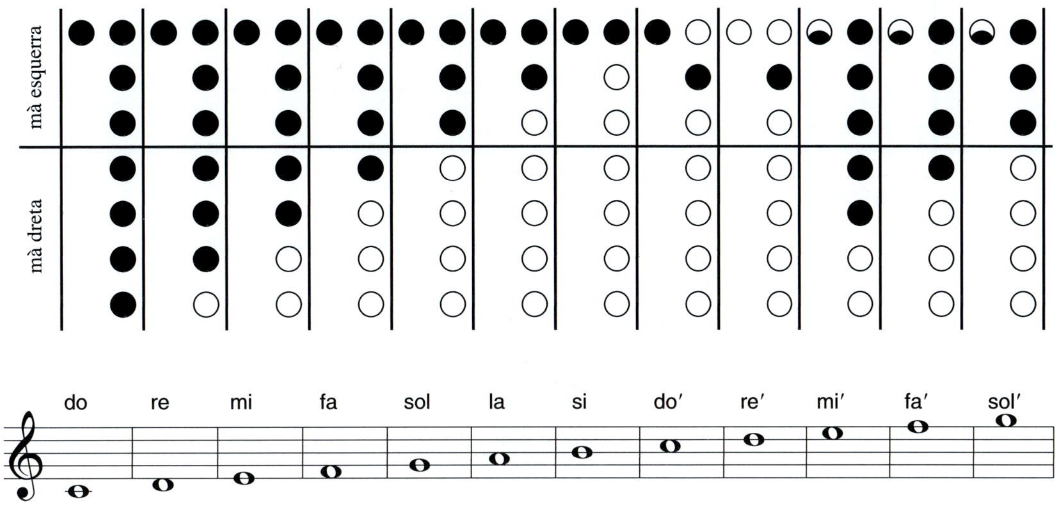

Posició dels dits (digitació alemanya)

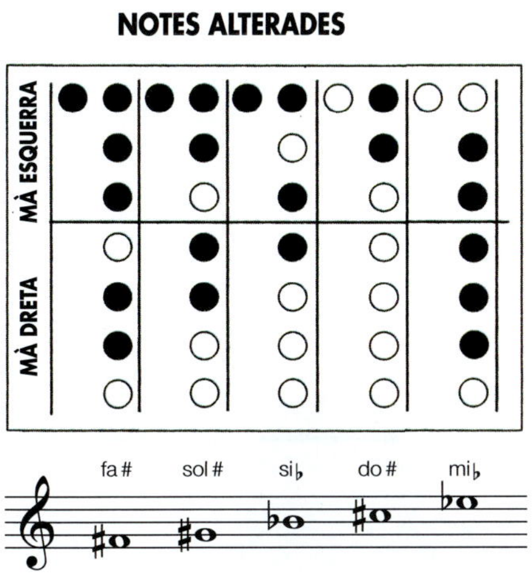

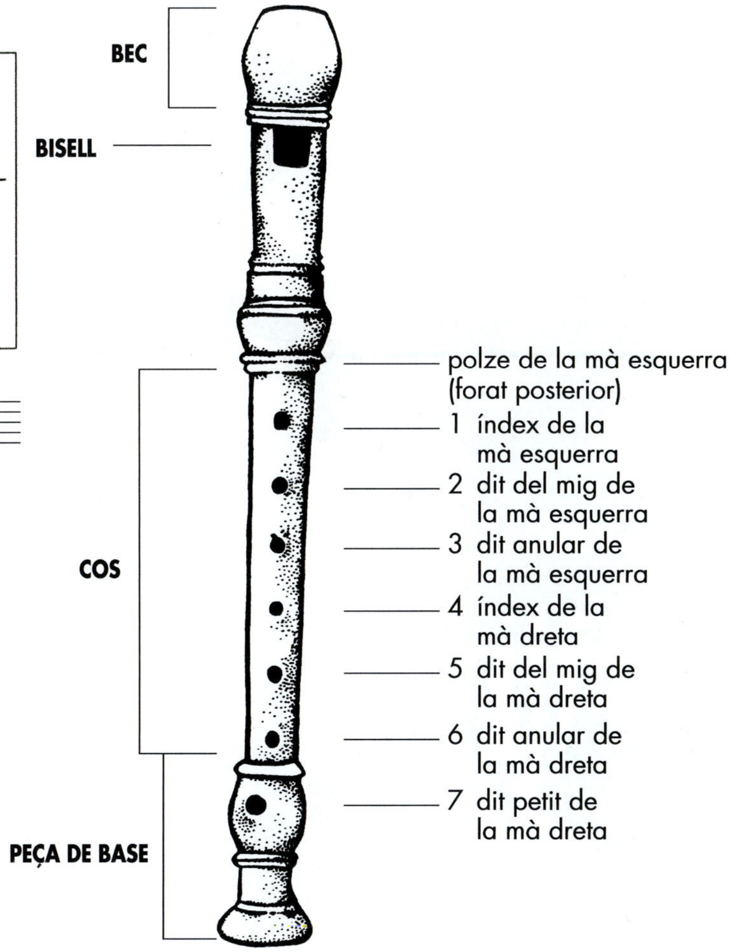

Acords de guitarra

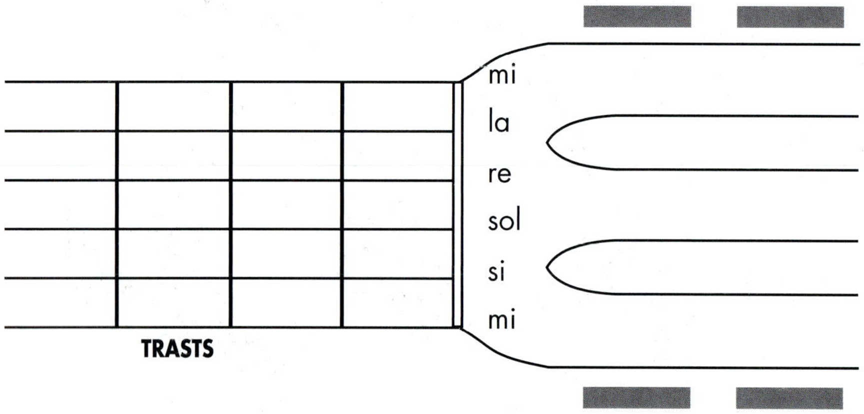

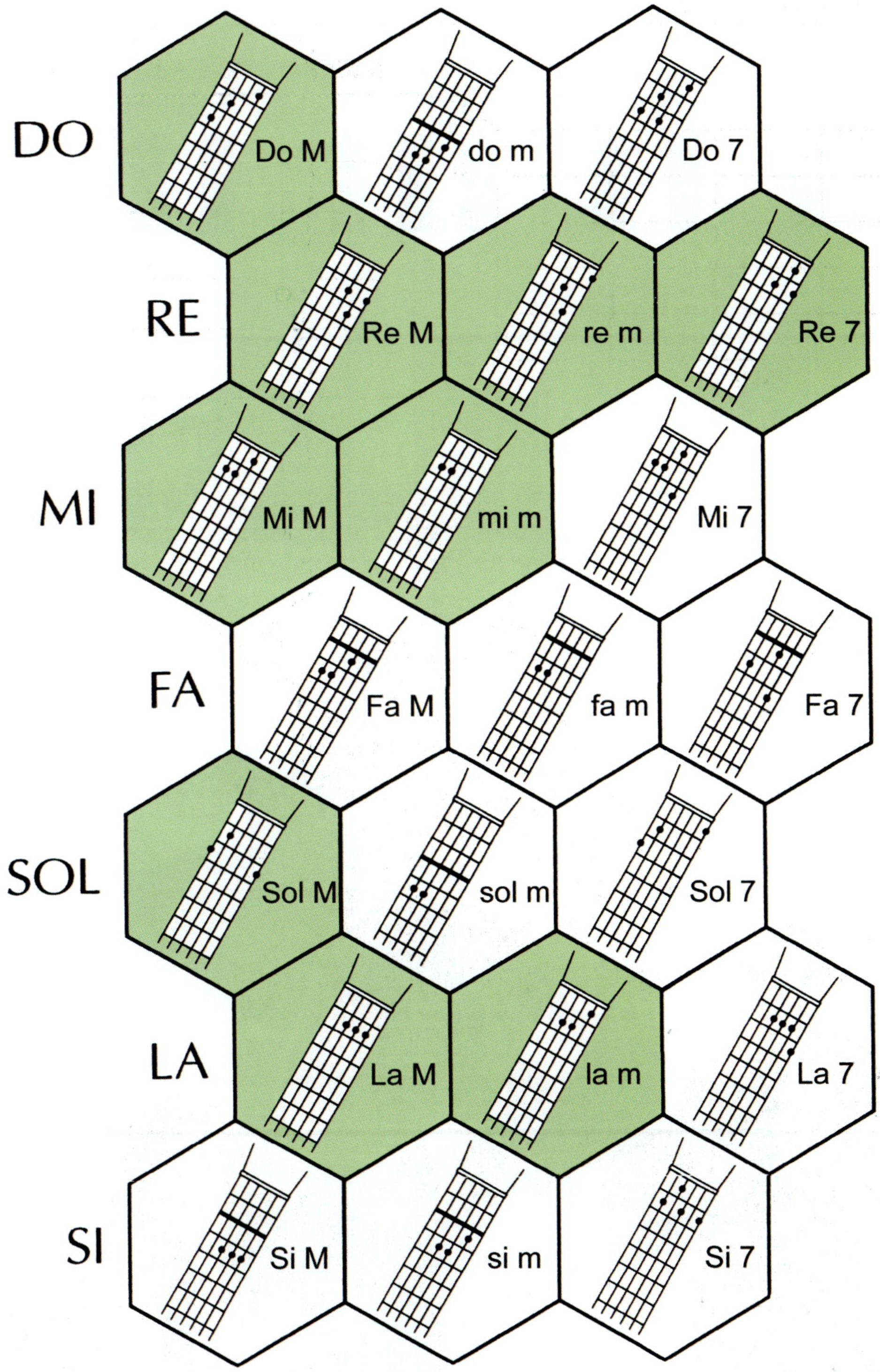

La M	Re M	Mi M
I	IV	V

Do M	la m	Re M	Sol M
I	VI	II	V

mi m	la m
I	IV

Do M	re m	Sol M
I	II	V

Sol M	mi m	la m	Re M
I	VI	II	V

El piano

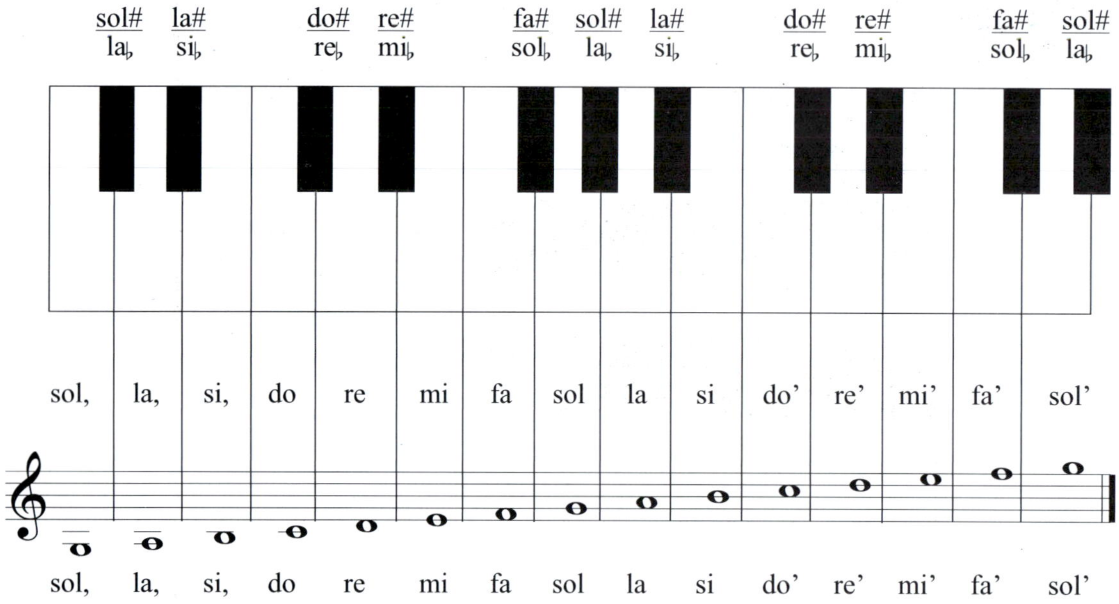
sol# la♭
la# si♭
do# re♭
re# mi♭
fa# sol♭
sol# la♭
la# si♭
do# re♭
re# mi♭
fa# sol♭
sol# la♭
sol, la, si, do re mi fa sol la si do' re' mi' fa' sol'
sol, la, si, do re mi fa sol la si do' re' mi' fa' sol'

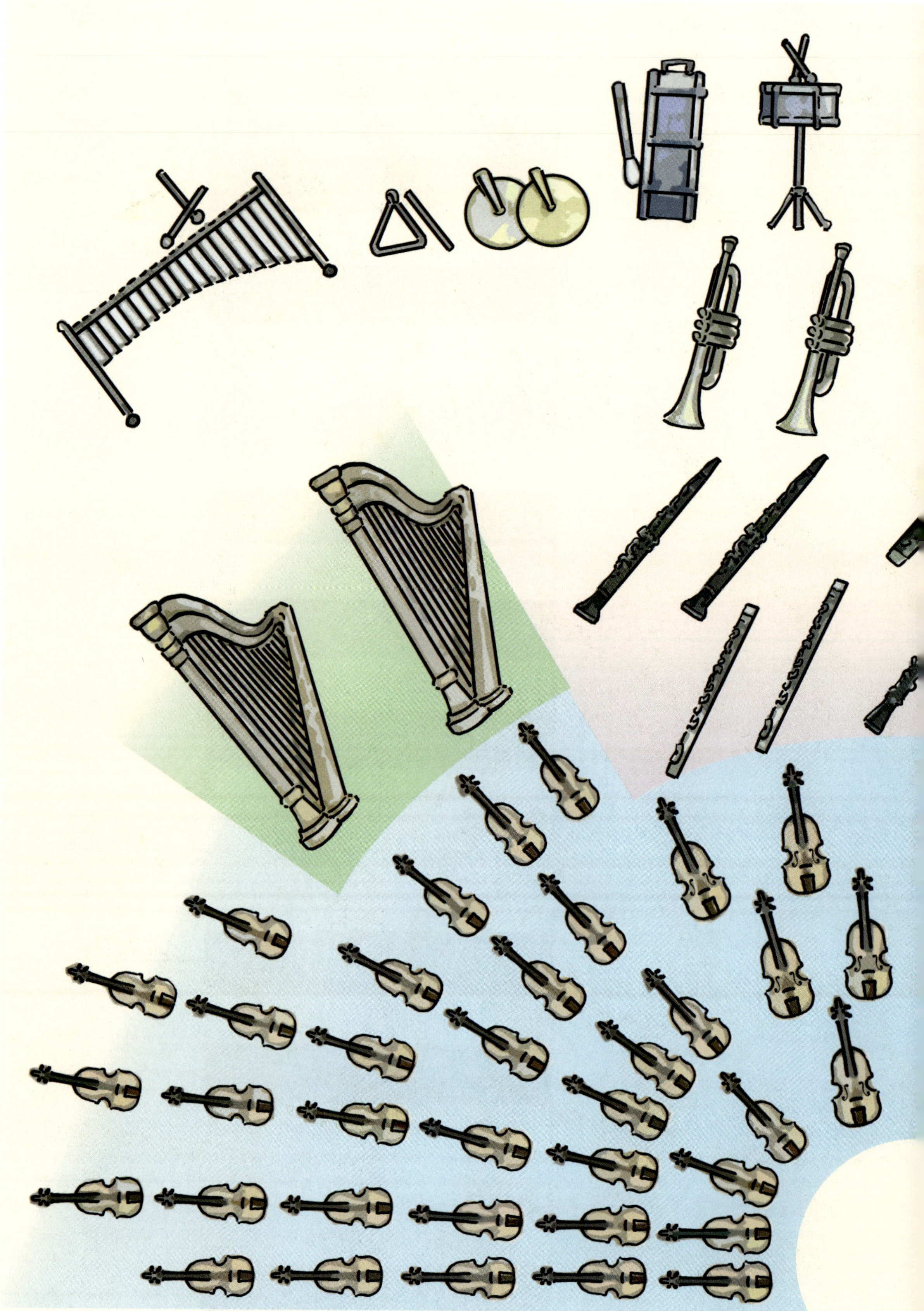

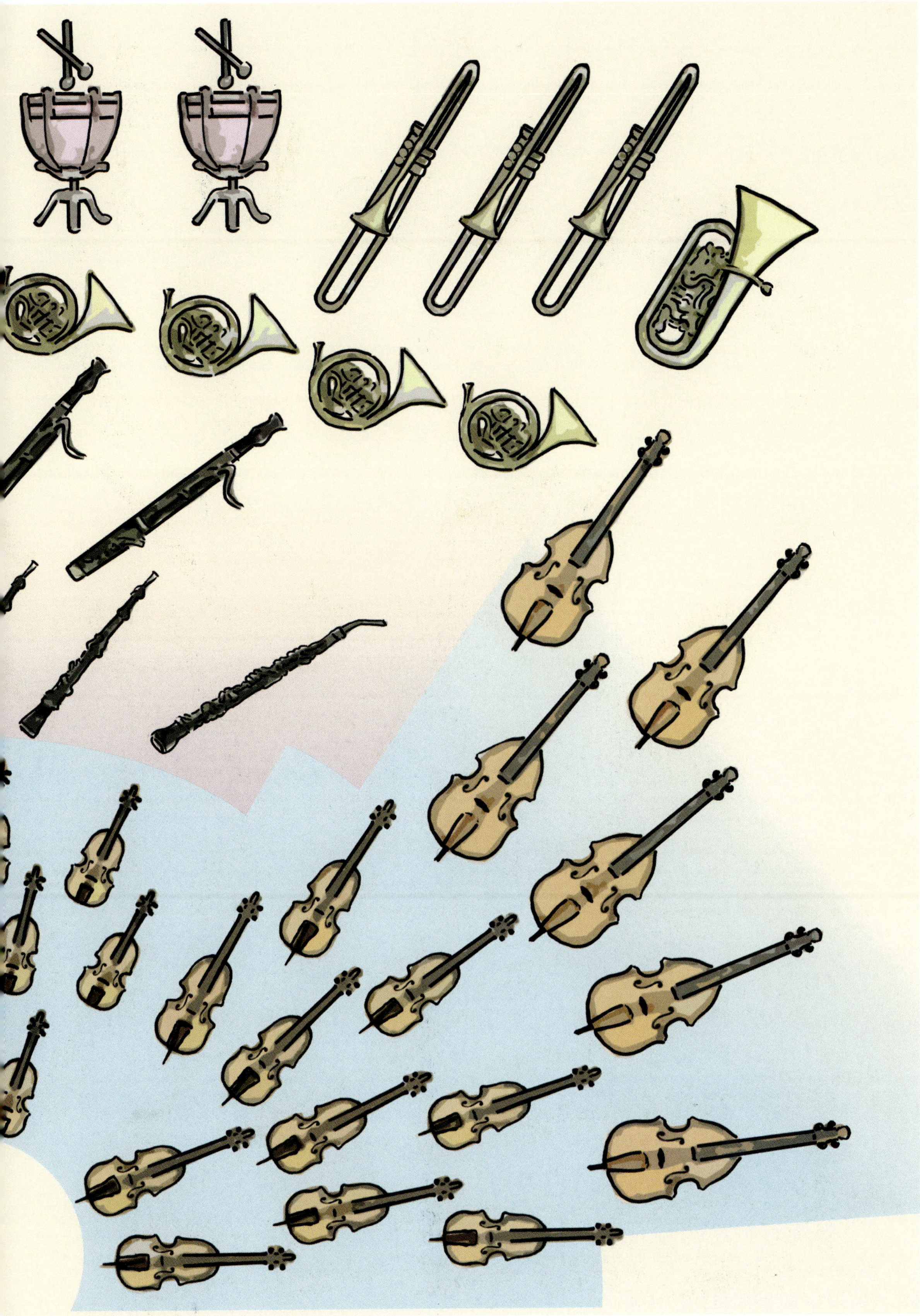